東京スカイツリーと東京タワー

［鬼門の塔］と［裏鬼門の塔］

細野 透

建築資料研究社

東京スカイツリーと東京タワー

［鬼門の塔］と［裏鬼門の塔］

はじめに

東京スカイツリー、そして東京タワー。

首都を代表する二つの「電波塔」は、皇居の鬼門（北東）と裏鬼門（南西）の方角に、向かい合うようにそびえ立つ。

東京スカイツリーが立つ墨田区押上《おしあげ》一丁目は、東京最古の寺として首都の鬼門を守り続けた、浅草寺《せんそうじ》の文化圏に属する地域である。浅草寺からは、雷門《かみなりもん》を出て、隅田川に架かる吾《あ》妻橋《づまばし》を渡り、さらに東に一キロほど進んだ場所になる。

東京タワーが立つ港区芝公園は、かつて増上寺《ぞうじょうじ》の寺領に属し、首都の裏鬼門を守る役割を担う地域であった。

二つの電波塔は、なぜ鬼門と裏鬼門に向かい合うのだろう。その謎を追究していくと、不思議な『予言書』にたどり着く。そこには、「裏鬼門に立つ東京タワーが、鬼門に立つ東京スカイツリーを迎え入れる場合に限って、新タワーは不幸を免れる」、と解読できる奇妙な一文が記されている。誰もが予想し得ない、奇想天外な予言ではないか。

これ以上の内容は、謎を隠し続ける推理小説の作法にならって、本書の末尾まで明かさない。

富士山、そして筑波山。

江戸の街並みは、裏鬼門にそびえる富士山と、鬼門に位置する筑波山を手がかりにして、形づくられていた。

江戸が東京に変わった後でも、富士山の存在を強く意識していた建築家がいる。二十世紀後半を代表する建築家、丹下健三である。

同氏は、東京大学教授という権威を背景に本流を歩み続け、世界の建築界をリードすると同時に、都市計画家として首都の街づくりに大きな影響を与えてきた。パッと見には、鬼門という概念に最も縁遠い存在と思われるのだが、案外にも、伝統的な価値観に親近感を抱き、深く吸い寄せられていく傾向がないわけでもなかった。

丹下の東京における代表作に、東京都新宿庁舎、東京都丸の内庁舎がある。これに、幻の東京都将門塚《まさかどづか》庁舎を加えた一連の庁舎は、「鬼門軸」の強い影響を受けて、首都の大地に「不思議な回り道」を描いている。

その「回り道」は、松本清張の推理小説『点と線』を連想させるような構図なのだが、詳しい内容は、やはりここでは明かさない。

首都を象徴する記念碑的な建造物について考えるとき、建築家は普通、「地と図」というとらえ方をする。「図」とは形として認識される部分で、「地」とはその背景となる部分だ。

これに対して、人類学者の中沢新一は、「現実空間と潜在空間」という対比法を提案。伊勢神宮の「心《しん》の御柱《みはしら》」を、「潜在空間から現実空間のほうに突出してきた強度（力）の先端」と解釈した。

本書は後者の手法を採用。東京スカイツリーと東京タワーを、「地霊が息づく歴史的な潜在空間」から、「超高層化が進む現実の三次元空間」に向けて大きく突き出た、「何らかの意思を伝える塔」と見なした。東京都新宿庁舎も同様である。

これら「意思の塔」を経由して伝わる、「潜在空間」からのメッセージに耳を澄ますとき、隠されていた真実が一気に明らかになる。

全体は、「東京の鬼門」をテーマに、三部で構成する。

第一部は、首都の鬼門に潜む「神、仏、地霊のエネルギー（磁力）」が、やがて、皇居に「聖なる森」を誕生させるまでの、静かな物語である。

第二部は、丹下健三が期せずして関わった、「不思議な回り道」の物語である。その「回り道」は、富士山を起点として、最終的には皇居の「聖なる森」へと通じていく。

第三部は、東京スカイツリーと東京タワーの「隠された正体」を主題とした、謎に満ちた物語である。その大半を費やして、二つの電波塔が、千年の時を超え、「幸運の双塔」として「再会」するまでのプロセスを綴る。次に、二つの電波塔から皇居の「聖なる森」へと続く、もうひとつの「不思議な回り道」について触れる。

従来、江戸の鬼門について記した書籍は多数ある。しかし、東京の鬼門を主テーマにした書籍は、ほとんど見かけない。

本書の目的は、鬼門というコンセプトを手がかりに、時間と空間の奥深くに分け入って、東京の隠された構造を読み解くことにある。陣内秀信『東京の空間人類学』、鈴木博之『東京の地霊』、中沢新一『アースダイバー』の系譜に連なる、東京の深層を掘り起こす一冊になることを目指した。

さて、「不思議な回り道」を探そうとするとき、上野公園の山王台《さんのうだい》に立つ西郷隆盛の銅像が、いわば「影の主役」を務める。

ここで、推理小説の作法を借りて、読者に対する挑戦状を提出したい。

西郷像は、故郷の鹿児島、敬愛する明治天皇が居住した皇居、江戸の薩摩屋敷などがある南西の方向から目を背けて、視線をなぜか反対の東南の方向に向けている。

「大きな目の西郷さんは、東南の方角で、いったい何を見ていると思いますか？」

この謎を解くことができる読者は、はたして、何人おられるだろうか。

【本書の読み方】

本書の構成には、二つの特徴がある。まず、独立した短編（第一部、第二部、第三部）が、全体としてひとつの作品になる、いわゆる「オムニバス形式」を採用したこと。次に、各部ごとに、「解かなければならない謎」を、用意したことだ。

第一部　「聖なる森」とは何か？
第二部　「不思議な回り道」とは何か？
第三部　二つの電波塔の「隠された正体」とは何か？

したがって、読者は関心に合わせて、どこからでも読み始められる反面、すべての謎を解くためには、「鬼門の物語」全編を読み通す必要がある。

①東京スカイツリーと東京タワーに関心がある場合。
第三部→第一部→第二部、という順に読む。
②「大きな目の西郷さんが何を見ているのか」に関心がある場合。
第二部→第三部→第一部、という順に読む。
③「東京の鬼門」全体に関心がある場合。
第一部→第二部→第三部、という順に読む。

目次

はじめに　3

第一部　首都と鬼門と「聖なる森」　14

第一章　鬼門とは何か　17
鬼門の語源／天門、地門、人門、鬼門／日本への伝来／平安京の鬼門

第二章　江戸の鬼門対策　27
天海の登場／江戸城と将門塚／菅原道真という先例／将門の処遇／太田道灌の桔梗紋／五寺社を動員／神田明神の「勝守」／浅草寺を「飼い殺す」／寛永寺の役割／日枝神社と山王権現／増上寺と太田道灌の絆／鬼門という磁界

第三章　鬼門と明治維新　61
泣いた三寺院、笑った日枝神社／神田明神の明治七年事件／皇室と将門塚の関係／崇徳上皇の怒り／権力闘争と怨念／鬼門の光景／皇居の森

第二部　丹下健三の「不思議な回り道」　82

第四章　世界の「タンゲ」一代記　85

大東亜コンペでデビュー／広島ピースセンターで実作活動へ／東京オリンピックプールで世界的名声／都市と海外への転身／東京都新庁舎コンペで国内復帰

第五章　富士山に魅せられた建築家　105

大東亜コンペと皇居、富士山、霊魂／東京都新庁舎の配置計画／東京都庁舎の歴史／大蔵省庁舎と将門塚／将門の祟り／三筋の「その後」／富士山、都庁舎、西郷隆盛像の関係

第六章　西郷隆盛像の大きな目　129

輪王寺宮の行動／山王台の陥落／天海の失策／東叡山承和寺の焼失／「国家安康」事件／山王社跡地に西郷隆盛像／西南戦争の悲惨／惜しまれた西郷／上野の守護神／高村光雲の上野戦争回顧談／原型づくりに六年／兎狩りの姿／日本三大銅像

第七章 東京都庁舎を巡る『点と線』 165
不完全な『点と線』／もうひとつの太田道灌像／道灌像と家康像の「応召」／
江戸東京博物館の新家康像／つながったミッシングリンク

第三部 東京スカイツリーと東京タワー 182

第八章 鬼門の塔、裏鬼門の塔 185
芝公園の楓山／紅葉館の開業／和風の社交場、洋風の社交場／
紅葉館跡地に東京タワー／対の関係性／地上デジタル放送の新電波塔／
十五地域が誘致に名乗り／候補地検討委員会の判断／
コンセプトは「時空を超える」

第九章 将門の塔 212
新タワー展望台から見る富士山／妙見菩薩信仰／平貞盛、藤原秀郷との決戦／
将門の影武者／破軍の星／北斗七星の配置図

第十章
凌雲閣の悲劇　231
不幸続きで経営不振に／二十三年後のエレベーター再稼働／関東大震災で被災

第十一章
『作庭記』の予言　243
世界最古の庭園秘伝書／陰陽五行説が教えるタブー／立石の重視／鬼門の「高い石」は不吉／新タワーが不幸を免れる方法／「三尊仏の塔」とは何か／竜禅寺三仏堂／将門伝説の宝庫／桔梗と三仏堂／東京タワーと三仏堂をつなぐ

第十二章
桔梗の塔　268
東京タワーはもの悲しい／背の高い化け物／超高層ビル街の「鬼っ子」／起死回生のライトアップ／女性的シルエット、男性的シルエット／千年の時を超えた再会／もうひとつの「不思議な回り道」

エピローグ　292

おわりに　298

関連年表 294
主要参考文献 306

表紙・扉・目次デザイン――春口浩一郎

第一部 首都と鬼門と「聖なる森」

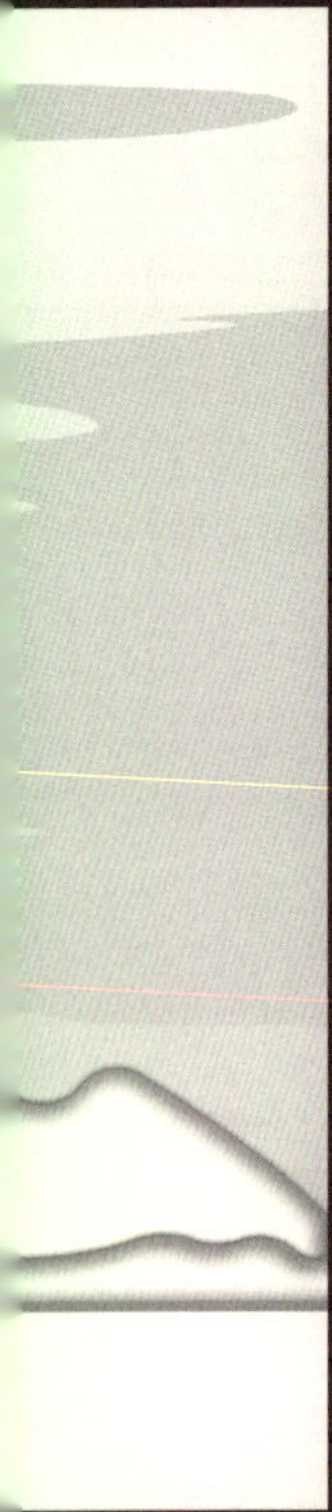

富士山、皇居の「聖なる森」、筑波山

平安朝の昔から、首都の王城では、「鬼」を近づけないために、鬼門（北東）と裏鬼門（南西）の守りを堅めてきた。

しかし、昭和天皇は長い歴史のなかで初めて「禁忌《きんき》（タブー）」を超えて、皇居内部の鬼門の方角に、武蔵野の面影を残した「聖なる森」を誕生させた。

昭和四十年代（一九六五―七四）の出来事とされる。天皇が自ら「禁忌」を超えたことが端緒になって、眠っていた「鬼門の主役たち」がそろりと動き出した。すなわち、「鬼門の物語」は、皇居の「聖なる森」から始まる。

第一部では、東京スカイツリーと東京タワーの、「隠された正体」を探るための手がかりが、暗示的に示される。

第一章　鬼門とは何か

鬼門とは何か。『広辞苑』はこう記す。

「陰陽道《おんようどう》で、鬼が出入りするといって万事に忌《い》み嫌う方角で、艮《うしとら》すなわち北東の称」

このように、日本では鬼門を忌み嫌うべき不吉な方角とする。しかし、意外なことに、鬼門という言葉が生まれた中国には、鬼門を不吉とする考え方はない。その理由を突き詰めていくと、最終的には鬼という言葉の受け止め方の違いにたどり着く。いったい、鬼とは何であるのか。

平成二十年（二〇〇八）になって、日本道教学会誌に「鬼門の時間的・空間的考察」と題する興味深い論文が発表された。筆者は若手研究者の水野杏紀だ。この論文で、水野は古代中国の史料を精査して、鬼門の語源に関しては二つの説があり、鬼門を出入りする鬼とは「死者の霊」を意味したと結論づける。

まず、鬼の定義を聞こう。

「前漢（紀元前二〇二―紀元八）の『説文解字』に、人の帰する所を鬼となす、とある。また、

『禮記《らいき》』に、人死するを鬼という、とある。鬼は死者の霊である。ここには鬼を悪いものとする考え方はない」

人はいつかは亡くなる。死ぬことを、日本でも、鬼籍《きせき》に入《い》る、ともいう。祖先の霊は敬うべきであろう。すなわち、古代中国では鬼も、また鬼が出入りする鬼門も、不吉なものではなかった。

鬼門の語源

次に、鬼門の語源を聞こう。

ひとつは、有名な『山海経《せんがいきよう》』説だ。『山海経』は、中国古代の地理書で、春秋時代から戦国時代、すなわち紀元前七〇〇年から二〇〇年にかけて執筆された。しかし、現存する『山海経』には鬼門についての記述は見当たらない。代わりに、後世に発行された書物に、「山海経に曰く」という形で示されている。

引用書で最も古いと推定されるのが、後漢（二五―二二〇）時代の文人、王充《おうじゆう》（二七―九六）が著した思想書『論衡《ろんこう》』だ。その訂鬼《ていき》編に、「山海経に曰く」として、次のように記されている。

「青々とした広い海の中に、度朔山《どさくさん》という山があって、山上に大きな桃の木が生えている。桃の枝は北東にうねうねと三千里も伸び、その果てに鬼門があり、多くの鬼の出入り口になっている。鬼門には神荼《しんと》と鬱壘《うつりつ》という神人がいて、鬼を取り締まっている。そして、害悪をなす鬼は、葦《あし》の縄で縛り上げて、虎の餌食にする。そこで、黄帝《こうてい》は、門や戸口に神荼と鬱壘と虎の絵を描き、桃の木の人形を立て、葦の縄をぶらさげて、害悪をなす鬼を防ぐまじないにした」（現代訳）

神荼と鬱壘は、鬼（死者の霊）を見守り、害悪をなす鬼を罰するため、鬼門に立ち続ける。これは、人間が死んだ後、善根《ぜんこん》を積んだ者を極楽に送り、罪を犯した者を地獄に落とすとされる、閻魔《えんま》大王と似たような役割になる。すなわち、鬼を死者の霊と考えれば、鬼門は不吉な場所にはならない。

天門、地門、人門、鬼門

鬼門の語源に関する次の説は、「式盤《しきばん》」説である。式盤とは、陰陽道において人間関係の吉凶や事態の結末などを占うために使われた道具で、中国古代の天文、地理、方位、時間などについての考え方を凝縮した一種の宇宙儀でもある。

式盤の表面には、北斗七星、古代中国の星座である二十八宿《にじゆうはつしゆく》、方位や時間の単位となる十干《じつかん》や十二支などが描かれている。そして、天は円《まる》く地は四角いとする古代中国の天地観にもとづいて、円形の天盤と方形の地盤を組み合わせて、天盤が回転する構造になっている。

その式盤に、天門、地門、人門、鬼門という四つの門が描かれるのは、やはり後漢の時代になる。四つある門のうち、天門は西北、地門は東南、人門は南西、鬼門は北東に位置する。なお、地門は別に地戸または出門、鬼門は鬼路と記される場合もある。

ここで注意したいのは、四つの門は、北・東・南・西という四正面ではなく、北東・東南・南西・西北という四隅に面していることだ。

水野は次のように推測する。

「中国の西北に伝説上の山岳である昆侖山《こんろんさん》があったため、西北が高く東南が低い地勢にもとづいて、西北が天門、東南が地門と呼ばれた。天門と地門は現実の空間における中心軸である。これに対して、南西の人門と北東の鬼門は、この世のものではない異界のものが出入りする

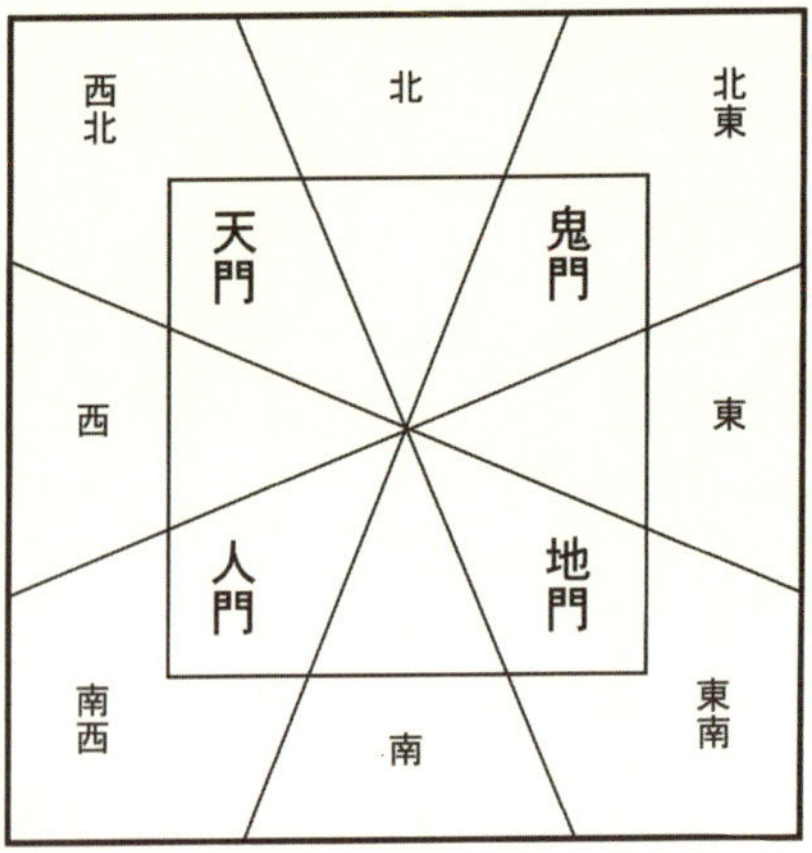

天門、地門、人門、鬼門

門とされていた」

異界とは、彼岸、来世、あの世などのことで、死者の霊が住む世界である。つまりは、式盤説によっても、鬼門は忌み嫌うべき場所にはならない。

われわれ日本人は、よく天・地・人というとらえ方をする。世界を形成する要素としての、天と地と人である。よって、天・地・人に鬼（死者の霊）を組み合わせて、天門、地門、人門、鬼門という四つの門があるとする式盤説には、何の違和感も覚えない。

このように、古代中国では、『山海経』説により鬼（死者の霊）が鬼門を出入りするとされ、また、「式盤」説により異界のもの（死者の霊）が鬼門と人門を出入りするとされた。死者の霊は必ずあの世に旅立たねばならないのだから、鬼門を畏《おそ》れ敬いこそすれ、忌み嫌うのは不謹慎であろう。

現代になっても事情は変わらない。中国で発達した風水学《ふうすい》に関する解説書を調べると、すべて、「中国では、鬼門を不吉な方角とすることはない。鬼門を不吉とする説は日本独自の考え方」と明記されている。

しかしながら、中国に発生したこのような鬼門観は、日本にそのまま伝わることはなかった。

日本への伝来

我が国に鬼門という概念が伝来したころの事情について、陰陽道研究に関する必読書とされる、村山修一『日本陰陽道史総説』の記述を要約する。

「平安時代の承平《じようへい》(九三一—三八)から天慶《てんぎよう》(九三八—四七)にかけて、鬼門という言葉が使われたことを確認できる。そのときすでに、鬼門の方角を不吉とする、日本独自の鬼門観が形成されていた」

日本に伝わった後、鬼門はなぜ不吉とされたのだろう。鑑《かんが》みるに、それは、鬼の意味が中国と日本とでまるで違ったためではないか。

『広辞苑』で鬼を引くと、実に九種類もの意味がある。

「隠《おに》で、姿が見えない意という。①天つ神に対して、地上などの悪神。邪神。②伝説上の山男、巨人、異種族の者。③死者の霊魂。亡霊。④恐ろしい形をして、人にたたりをする怪物。もののけ。⑤想像上の怪物。仏教の影響で、餓鬼、地獄の青鬼・赤鬼があり、美男・美女に化け、音楽・双六・詩歌などにすぐれたものとして人間世界に現れる。後に、陰陽道の影響で、人身に、牛の角や虎の牙を持ち、裸で虎の皮のふんどしをしめた形をとる。怪力で性質は荒い。⑥鬼のような人。㋑非常に勇敢な人。㋺無慈悲な人。借金取り。債鬼。㋩ある事に精魂を傾ける人。㋥鬼ごっこなどで、人をつかまえる役。⑦貴人の飲食物の毒味役。おにやく。⑧紋所の名。鬼の形をかたどる。⑨名詞に冠して、勇猛、無慈悲、異形、巨大の意をあらわす語」冒頭で、まず、鬼を「隠《おに》」で姿が見えないものとする。これは、鬼といえば、角が生え金棒を持つ姿を思い浮かべる、われわれの認識とはまったくかけ離れた定義になる。

日本語の辞書は、言葉の大本の意味から順に並べるので、古い用例が最初に示される。それを意識しつつ読むと、鬼の第一の定義は、驚くことに、「①天《あま》つ神に対して、地上などの悪神《あくじん》。邪神」とある。

天つ神は国《くに》つ神と並んで、『古事記』や『日本書紀』に登場する神々だ。天つ神は高天原《たかまがはら》に帰属する神々の総称で、その中心に太陽神の天照大神《あまてらすおおみかみ》が君臨する。皇族や有力な氏族が信仰していた神が天つ神になったものと考えられ、天照大神が皇祖神として王権を保証した。

一方、国つ神は地上にいて、天つ神の支配に服す側の神々とされる。ただし、そこには、天つ神の子孫として天つ神を敬う神々や、かつて天つ神と敵対し破れた後に天つ神に従った神々も混在しているので、実態は分かりにくい。

いずれにしても、天皇および朝廷にとって、天つ神に反抗する神々は、それだけで人に災いや害を与える悪神、邪神と見なされ、鬼として扱われたに違いない。

平安京の鬼門

日本で鬼門という言葉が確認されたのは、平安時代の承平から天慶のころであった。承平年間といえば、菅原道真の怨霊《おんりょう》が朝廷を脅かしていた時代であり、続く天慶年間といえば、平将門が関東で反乱を起こした時代になる。朝廷は悪神の存在に極めて敏感になっていたはずである。

ところで、中国で生まれた鬼門観が日本に伝わったとき、もうひとつの変化が生じていた。『山海経』に鬼門、「式盤」に鬼門および人門と記された門は、我が国では鬼門および裏鬼門という「一対《いっつい》の門」として登場した。鬼が出入りする門は、北東と南西の二カ所に増えたのである。ただし、史料を調べても、裏鬼門という言葉が生まれた年は定かではない。

いずれにしても、鬼門と裏鬼門を姿の見えない鬼が出入りし、その鬼が悪神《あくじん》となって天皇と朝廷に仇をなすのなら、確かに北東と南西は不吉な方角として忌むべきであろう。首都の平安京（京都）、朝廷が置かれる大内裏《だいだいり》、天皇が居住する内裏《だいり》などの北東と南西は、厳重に守られる必要がある。

平安京への遷都は延暦《えんりやく》十三年（七九四）に行われた。歴史を振り返ると、遷都に先立つ延暦七年（七八八）、天台宗総本山の比叡山延暦寺が、伝教大師最澄《さいちょう》により京の鬼門の方角に創建された。それから約四百年経った鎌倉時代に、天台座主《てんだいざす》慈円（一一五五―一二二五）は一首の和歌を詠じた。

「我山は花の都の丑寅《うしとら》に鬼いる門をふたぐぞときく」（『拾玉集《しゅうぎょくしゅう》』）

延暦寺が北東（丑寅）の鬼門を守るとする説は、鎌倉時代の初期には有名になっていたからこそ、慈円もそれを題材にした。

『広辞苑』には、鬼門除《よ》け、という言葉も載っている。

「災難をさけるために、鬼門の方角に神仏をまつりなどすること」

悪神をなだめて、災難をさけるためには、確かに神、仏、御霊《ごりょう》の力に頼るのが最上の策であろう。

鬼門を守るための対策は、鬼門除け以外にも、鬼門封じ、鬼門塞《ふさ》ぎ、鬼門堅め、鬼門守護、鬼門鎮護などとも呼ばれるが、ほぼ同じ意味になる。

江戸城天守
高さ59m。寛永15年（1638）に家光が建造、明暦3年（1657）に焼失

第二章　江戸の鬼門対策

江戸の中心は何重もの壕《ほり》に囲まれた江戸城であり、なかでも、将軍が居住する本丸が最重要の空間となる。その本丸を起点にして、北東（丑寅《うしとら》、艮《うしとら》）の方角が鬼門になり、遠方には霊峰・筑波山が姿を見せる。また、南西（未申《ひつじさる》、坤《ひつじさる》）の方角が裏鬼門になり、はるか彼方には霊峰・富士山がそびえ立つ。

江戸の街並みは富士山と筑波山を手がかりにして構成されていた。徳川家康が江戸の街を本格的に建設しようとしたとき、最初に引いた道路は、日本橋の本町通りであった。本町通りはいわば江戸城下町のメーンストリートで、西に進むと、外濠に架かる常磐橋門《ときわばしもん》を経て、江戸城の正門となる大手門に出た。この本町通りと直角に交差するのが日本橋通りである。大きな商店が軒を並べる日本橋通りを南に向かうと、東海道に通じる。

さて、本町通りに立って南西を望むと、道路の正面に富士山が見え、少し西寄りに江戸城の天守閣が見えた。富士山は徳川家の故郷、駿河の国にそびえる日本第一の名山である。すなわち、富士山、江戸城、城下町の三位一体を演出しようとする都市計画だった。一方、日

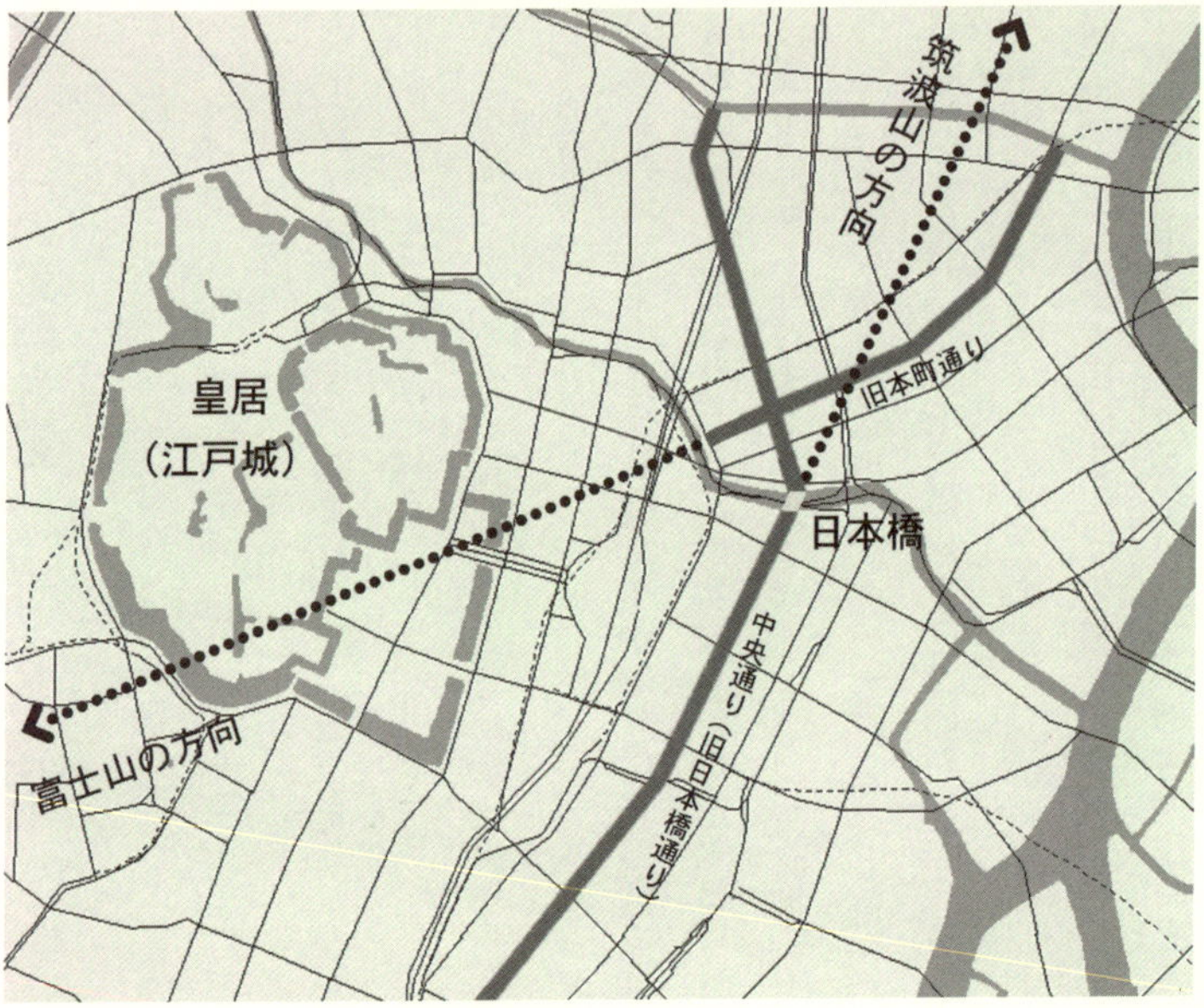

「都心の道路」と「富士山、筑波山の関係」

（本書に掲載した地図は、日本地図センターが販売するソフト「数値地図ビューア」を使用し、かつ、国土地理院が発行するデータ「数値地図 50 mメッシュ」および「数値地図 5 mメッシュ」、日本地図センター発行のデータ「JMC マップ」を使用して作成した）

本橋通りの京橋付近に立って北東を望むと、道路の正面には筑波山が見えた。筑波山は紫峰《しほう》とも呼ばれ、姿が美しいため「西の富士、東の筑波」と並び称されていた。

天海の登場

すでに述べたように、京都（平安京）では、鬼門と裏鬼門を出入りする鬼の正体は、天皇と朝廷に仇《あだ》をなす姿が見えない悪神とされた。先例にならうなら、江戸で警戒しなければならないのは、徳川将軍と江戸幕府に仇をなす悪神である。しかし、江戸において、悪神とは誰であるのか。また、悪神をなだめ、災難をさけるためには、何をなすべきなのか。

当時は、日本古来の神々と海外から伝来した仏教の諸仏とを、調和・融合させる神仏習合《しんぶつしゅうごう》の時代であった。神仏の領域をつかさどるのは、いうまでもなく、宗教家の役割になる。江戸の鬼門および裏鬼門対策において、キーパーソンになったのは、徳川家康の宗教顧問、慈眼大師《じげんだいし》天海であったと推測される。

天海は織田・豊臣期から江戸初期を生き抜いた天台宗の僧だ。生年は天文五年（一五三六）とされ、寛永二十年（一六四三）に百八歳で没した。家康と出会ったとき、天海は川越の無量寿寺《むりょうじゅじ》（現、喜多院）に住んでいた。後に、織田信長の焼き討ちで混乱していた比叡山延暦寺におもむいて、これを再興。江戸に戻ってからは、日光山の貫首《かんじゅ》となり、家康を日光東照宮に祀った。さらに、家康の死後に東叡山《とうえいざん》寛永寺を建立し、その初代住職となった。

天海は幕府の宗教政策に深く関わり、超人的とも思える活躍をする。それが可能だったのは、彼が長寿を保つと同時に、約五十年もの間、徳川家康・秀忠・家光という、三代にわたる将軍の厚い信頼を勝ち得ていたからだ。

老練な天海が起案した鬼門対策は、神、仏、御霊《ごりょう》に広く心配りする内容であったと思われる。骨子は大きく二点。まず、平将門《たいらのまさかど》および太田道灌《おおたどうかん》の御霊に配慮し、次に、神社と寺院による鬼門・裏鬼門の鎮護である。

江戸城と将門塚

天海が真っ先に考えたのは、平将門の御霊への配慮、だったはずである。江戸城の歴史を振り返ると、その意味が明らかになる。

江戸城の礎《いしずえ》が築かれたのは、平安時代末期の一一五〇—八〇年ころとされる。当時、江戸氏の祖、江戸重継《しげつぐ》が日比谷入江に臨む本丸台地に、居館を構え「江戸館」とした。その子、重長《しげなが》は鎌倉幕府を開いた源頼朝に従い、「東国八カ国の大福長者」として重んじられた。後に、江戸氏は室町時代の動乱のなかで没落。領地は扇 谷《おおぎがやつ》上杉氏の所有となった。

その扇谷氏の家宰《かさい》であった太田道灌が、長禄《ちょうろく》元年（一四五七）、江戸城をひとまず完成させた。

本丸台地を根城《ねじろ》、二の丸を中城《なかじろ》、三の丸を外城《そとじろ》と三重の構えにした、西が高く東が低い半円形の城であった。また、本丸台地の最南端、現在の富士見櫓《ふじみやぐら》付近に、道灌が住む私邸を建て、静勝軒《せいしょうけん》と名付けた。彼が京都に上ったとき、当時の将軍足利義政に居城の様子を聞かれ、「我庵《わがいお》は松原つづき海近く　富士の高嶺を軒端《のきば》にぞ見る」、と返歌したことが知られている。

道灌の死後、扇谷上杉氏の勢力は下降に向かい、大永《たいえい》四年（一五二四）以降、江戸城は新興の後北条《ごほうじょう》氏の支城となった。

そして、天正《てんしょう》十八年（一五九〇）、徳川家康が入城。拡張工事を重ねて、寛永十三年（一六三六）に、現在に至る江戸城が完成した。

江戸城の歴史に名を刻むのは、このように江戸重継、太田道灌、徳川家康である。しかし、江戸重継が登場する約二百年も前に、江戸城大手門から見て鬼門（北東）の方角に、恐るべき御霊が鎮座《ちんざ》していた。将門塚に眠る平将門である。

平将門は、平安京への遷都を実施した桓武《かんむ》天皇から、数えて六代目の子孫である。桓武天皇、葛原親王、高見王と経て、次の高望王のときに「平」の姓を賜り、平高望《たいらのたかもち》となった。高望は上総介《かずさのすけ》に任命され、寛平《かんぴょう》二年（八九〇）に東国に下った。上総介とは、上総国（千葉県中南部）の国府（地方行政府）の次官である。

平高望には六人の男子があり、三男の平良将《たいらのよしまさ》の子が平将門である。将門は若くして上洛し、後に摂政・関白にまで上り詰める藤原忠平《ふじわらのただひら》に仕えた。帰国後には、筑波山の南西に広がる下総《しもうさ》、常陸《ひたち》の西部（現、茨城県筑西市、坂東市、守谷市、取手市）に領地を有していた。

やがて、高望が死に、良将が死ぬと、一族は周辺の豪族を巻き込みながら、所領をめぐって厳しく対立するようになる。承平《じょうへい》五年（九三五）には、将門と叔父の平国香《たいらのくにか》が相争う事件があり、これから始まって、一族の血で血を洗う死闘が繰り返された。

そして、天慶《てんぎょう》二年（九三九）の冬。将門は、常陸、下野《しもつけ》、上野《こうづけ》の国府を襲撃して、国司を追い払い、国印と穀倉の鍵を奪った。これを「平将門の乱」あるいは「天慶の乱」といい、国家を騒がす重大な反乱となった。

将門は「新皇《しんのう》」と称し、関東に独立国家を打ち立てようとした。しかし、翌天慶三年（九四〇）二月、常陸大掾《ひたちだいじょう》の平貞盛《たいらのさだもり》および下野押領使《しもつけおうりようし》の藤原秀郷《ふじわらのひでさと》と戦って敗れ、非業の死を遂げた。このため、政権はたちまち崩壊した。

藤原秀郷によって将門の首は平安京に届けられ、東市《ひがしのいち》の樹にかけて晒《さら》し首《くび》とされた。その後、晒されていた将門の首は、京都から持ち去られて、武蔵国豊島郡芝崎（現、千代田区大手町一丁目二番）に葬って首塚とした。一方、将門の遺体は菩提寺である神田山延命院（現、茨城県坂東市）に葬られたが、はずかしめを受けそうになったため発掘。首塚まで運んで墳墓《ふんぼ》をつくり、「首体一所」として葬った。これが現在の将門塚である。

後に将門の怨霊《おんりょう》伝説が生まれた。怨霊とは、怨《うら》みを抱いて、祟《たた》りをする霊である。

「晒されていた将門の首は、一夜白光を放って東方に飛び去り、武蔵国豊島郡芝崎に落ちた。その音は物凄く、関八州にとどろき、三日三晩大地は鳴動した。人々は恐れおののいて首級を近くの井戸で洗い、平川観音堂に供養し、塚を築いてねんごろに葬り、手厚くその冥福を祈ったところ、漸くその祟りが鎮まった」（『史蹟　将門塚の記』）

「将門が没してから十年後の天暦《てんりゃく》四年（九五〇）、将門塚が鳴動し、暗夜に光を放って、異形の武将が現れたので、人々は恐怖した」（同）

「鎌倉時代末期の嘉元《かげん》元年（一三〇三）、時宗《じしゅう》の僧、真教上人《しんきょうしょうにん》が将門塚を訪れると、将門塚が荒れ果て、疫病が蔓延して住民は非常に難渋しており、将門公の祟りであると恐れおののいていた」（同）

菅原道真という先例

怨霊と化して荒れ狂ったとき、すさまじい災いをもたらす将門の御霊を、江戸幕府は決して怒らせてはならない。しかも、忘れてはならない事実が潜んでいる。何より、平将門と江戸重継の血縁関係である。

天慶の乱に際して、将門の一族は激しい内部抗争を繰り広げたが、将門を擁護した一人に、叔父の平良文《たいらのよしぶみ》がいた。将門の息女は、良文の三男恒明（後、忠頼と改名）に嫁いだとされる。その忠頼から数えて六代目の子孫が江戸重継になる。このように、将門と血のつながる重継が、自らの居館近くにある将門塚を、祖先の墓として大切にしたことは想像にかたくない。

そして、想像をさらに広げるなら、嫡流《ちゃくりゅう》の子孫が絶えたことを嘆いた将門の御霊が、代わりに江戸重継を身近に招いて居館をつくらせ、自らその鬼門を守護したと考えられなくもない。すなわち、江戸城は平将門、江戸重継、太田道灌、徳川家康という順に継承された、と見るのである。

また、無視できないのは、将門の本拠地が、筑波山の南西に広がる、下総国と常陸国の西部に位置したことだ。この一帯は、江戸城の鬼門の方角に相当する。

つまり、将門は江戸城の霊的な築城者であり、大手門近くの鬼門に潜む守護者であり、江戸城から筑波山にかけて広がる鬼門の大地に武将として名を刻んだ先駆者でもあった。仮に、将門の怒りを買うようなことがあれば、彼は鬼門の鬼（悪神）と化して、徳川将軍と江戸幕府に深刻なダメージを与えることは必至であろう。

天海はおそらく、菅原道真《すがわらのみちざね》（八四五―九〇三）の怨霊伝説を想起し、参考にしたのではないか。

道真は、平安朝の醍醐天皇の御代《みよ》に、右大臣従二位にまで昇進しながら、一転して太宰府（福岡県）に左遷され、失意のうちに非業の死を遂げた。しかし、死後に怨霊となって荒れ狂い、天皇と朝廷を深く悩ませ、大いに恐れられた。その怨みを免れようとして、朝廷は道真の御霊を祀り、慰撫《いぶ》し、鎮魂し、左大臣正一位という位階に加え、最高位の太政大臣までをも与えた。やがて、道真の御霊が鎮まったころ、平穏を回復し繁栄をもたらしてくれるように、最終的には「天満宮天神《てんまんぐうてんじん》」として祀り上げている。

将門の処遇

天海は平将門の御霊を次のように処遇した。

第一に、将門塚を丁重に扱うこと。幸いにも、家康の江戸入り以降、鎮まっているように見える将門の御霊を、決して怒らせてはならない。ことわざに「触らぬ神に祟りなし」という。その道理にしたがうなら、将門塚に手を付けてはならない。

将門塚のある一帯は、江戸初期に大手前《おおてまえ》（現、大手町）として大名屋敷街になった。江戸期を通じて、将門塚は、土井大炊頭《おおいのかみ》利勝、酒井雅楽頭《うたのかみ》忠勝など幕府の中枢を担う譜代大名、および御三卿である一橋徳川家などの屋敷の庭園内に保持され、大切に扱われた。また、将門を祀る神田明神の祭礼に際しては、神輿《みこし》を邸内にかつぎ入れさせて、将門の御霊を慰めた。

第二に、神田明神に江戸の総鎮守という社格を与えたこと。これについては、後に詳述する。

第三に、江戸城に桔梗門《ききょうもん》と桔梗壕《ききょうぼり》をつくったこと。ただし、これは将門への配慮なのか、あるいは太田道灌への配慮なのか、判断がつきにくい面もある。

鈴木理生《まさお》『千代田区の歴史』に、「道灌の江戸城」および「江戸城の変遷」と題する二枚の図面が掲載されている。それによると、西の丸下（現、皇居外苑）から三の丸（現、皇居警察本部など）に通じる城門は、道灌の時代には吉祥門《きつしょうもん》と呼ばれ、次いで泊船門《はくせんもん》と変わり、家康入城後に桔梗門と改名された。加えて、江戸時代初期に掘られた、大手門から桔梗門にかけての濠は、桔梗濠と名付けられた。

桔梗という名前の由来には、二つの説がある。ひとつは、将門ゆかりの女人、桔梗《ききょう》に関わるとする説だ。

そもそも、桔梗は謎の多い女人であった。将門との関係は極めて複雑で、桔梗は将門の正妻だったとも、二番目の妻とも、愛妾ともされ、立場がよく分からない。

また、桔梗が将門を裏切ったとする説と、裏切ることはなかったとする説がある。さらに、裏切った桔梗の首を将門が一刀のもとに切り捨てたとも、逆に桔梗を慕《した》って将門の首が京の都から宙を飛んで江戸に戻ったともされる。

将門の死後に関しても、桔梗は将門の子供とともに自害したとする説、逃げ延びたとする説がある。要するに、将門と桔梗が最終的に敵対したのか否か、真相は歴史の闇に包まれて明らかでない。それゆえに、多くの「桔梗伝説」が語り継がれてきた。

桔梗伝説のひとつが、京の都に晒されていた将門の首が、桔梗を慕って宙を飛び将門塚に落下した伝承にちなんで、桔梗壕および桔梗門と名付けられたとする説だ。これが真実であるのなら、天海による将門への深い配慮の結果ということになる。

太田道灌の桔梗紋

話が複雑になるのは、太田道灌の家紋が桔梗紋《ききようもん》であったことだ。すなわち、桔梗濠および桔梗門という命名は、天海による道灌への配慮だったとも解釈できる。ただし、江戸城には、別に上道灌壕、中道灌壕、下道灌壕が存在するので、桔梗壕が桔梗紋に由来するとの主張は、根拠が薄いと思われる。

いずれにしても、道灌は江戸城の歴史に深く名を刻んだだけではなく、非業の死を遂げているため、怨霊と化す可能性がないわけではないことに留意する必要がある。

太田道灌（一四三二―一四八六）は扇谷《おおぎがやつ》上杉氏の家宰《かさい》であった。家宰とは家長に代わって取り仕切る役割なので、分かりやすく表現すると筆頭家老になる。

道灌は江戸城を築いた武将としてだけではなく、文化人としても知られている。また、生涯に三十数度戦って、一度も負けたことがなかったといわれ、兵を率いて遠く西は静岡県、南は神奈川県、東は千葉県、北は群馬県と広大な関東平野を駆け巡り、武蔵《むさし》・相模《さがみ》の実力者となった。

このように主家の扇谷家を、ライバルである山内上杉家に匹敵する勢力に成長させたにもかかわらず、道灌の最期は哀れであった。文明《ぶんめい》十八年(一四八六)、相模国糟屋《かすや》(現、神奈川県伊勢原市)にあった主家、扇谷上杉定正邸に誘い出され、太刀で斬り殺されたのだ。その理由は、扇谷家の内部対立とも、山内家の策動ともいわれる。

道灌の墓は、伊勢原市の洞昌院と大慈寺の二カ所にある。また、伊坂道子『増上寺境内と芝公園の研究』によると、道灌の位牌は、当時、江戸城近くの貝塚(現、千代田区平河町界隈)にあった、増上寺に納められたとされる。

史料には、その後、道灌が怨霊と化したとする記述はない。しかしながら、非業の死を遂げた英雄は、いつまでも人々の心に残り続ける。天海の脳裏には、江戸城の城主であった道灌が、江戸城の裏鬼門(南西)の方角で非業の死を遂げ、さらに、位牌が裏鬼門の増上寺に納められた事実が、しっかりと刻まれたのではないか。

五寺社を動員

天海が打った次の手は、有力な寺院および神社を動員した、鬼門(北東)および裏鬼門(南西)

の鎮護であった。江戸城本丸の鬼門鎮護を託されたのは、神田明神、浅草寺、寛永寺であり、裏鬼門鎮護を託されたのは日枝神社、増上寺である。

このうち、神田明神は江戸総鎮守、浅草寺は将軍家の祈願寺《きがんじ》、日枝神社は将軍家の産土神《うぶすながみ》、増上寺は将軍家の菩提寺《ぼだいじ》として厚く遇された。いわば、江戸伝来の神・仏を崇め奉ることによって円満な関係を維持し、将軍家および江戸幕府に仇をなす悪神が現れた場合には、協同でこれを鎮める体制を築いたことになる。また、天海が新たに創建した寛永寺は、将軍家のもうひとつの菩提寺として、総合的な指揮をとる役割を担った。

念のために、五寺社の所在地（現在地）を確認しておく。

【鬼門鎮護】
神田明神《かんだみようじん》（千代田区外神田二丁目）
金龍山浅草寺《きんりゆうざんせんそうじ》（台東区浅草二丁目）
東叡山寛永寺《とうえいざんかんえいじ》（台東区上野桜木一丁目）

【裏鬼門鎮護】
日枝神社《ひえじんじや》（千代田区永田町二丁目）
三縁山増上寺《さんえんざんぞうじようじ》（港区芝公園四丁目）

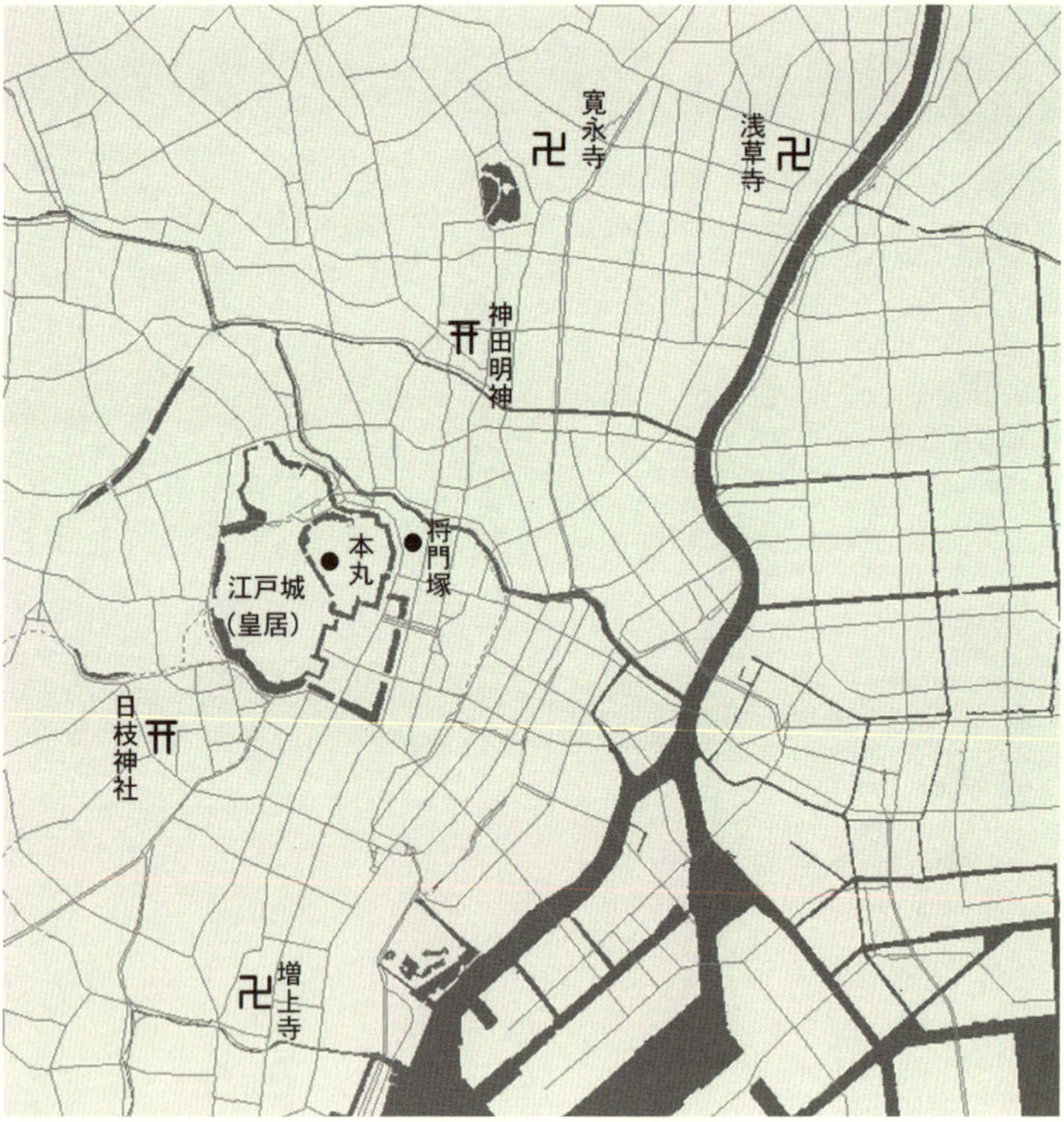

江戸城の鬼門と裏鬼門

神田明神の「勝守」

神田明神は、ＪＲ御茶ノ水駅東口にある聖橋《ひじりばし》を北に渡り、さらに北東に数分歩いた千代田区外神田二丁目にある。

社伝によると、奈良時代初期の天平《てんぴょう》二年（七三〇）、武蔵野国豊島郡芝崎に創建された。場所は将門塚（千代田区大手町）に近く、歩いて約百歩の距離だったとされる。当時の祭神は大己貴命《おおなむちのみこと》。すなわち大国主命《おおくにぬしのみこと》であり、もっと分かりやすくいえば七福神のひとりで、打出の小槌《こづち》を抱えた大黒様である。

将門は生前から神田明神に縁が深く、延長元年（九二三）には太刀と神馬を奉納。承平三年（九三三）には、社殿を再建し祭田を寄付したという古記録がある。そこにあるのは、威勢を関東に広めつつある時期の、将門のはつらつとした姿である。しかし、将門は天慶三年（九四〇）、無念のうちに、朝廷に背いた逆賊として敗死。将門塚に葬られたが、しばしば祟りをなした。

鎌倉時代末期の嘉元元年（一三〇三）に、時宗の僧、真教上人が将門塚を訪れ、将門の御霊を慰めた。真教上人はまた、延慶《えんきょう》二年（一三〇九）に、将門の霊を神田明神に合祀した。これにより、将門は、没してから約三百七十年後に、晴れて「平将門命《たいらのまさかどのみこと》」として、神に祀り上げられたことになる。

時代が下って、徳川家康が江戸入りしてから十年後の慶長《けいちょう》五年（一六〇〇）、天下分け目の関ヶ原の合戦が行われた。戦いに際して、神田明神は家康の戦勝の祈祷《きとう》を行い、お守りを授けた。そのため、東軍は見事に勝利して天下を統一。以降、家康は縁起のいい神社であると評価したという。

ちなみに、南北朝時代の軍記物語『太平記』は、京に晒された将門の首は三カ月経っても色あせず、目をかっと見開き、「必ず勝ってみせる」と夜ごとに叫んだと伝える。このため、江戸の庶民は将門神に願うと勝負に勝つと信じ、お守りは「勝守《かちまもり》」として人気になった。

慶長八年（一六〇三）、江戸市街地の埋め立て工事にともなって、神田明神は江戸城大手門近くの芝崎から、江戸城本丸の鬼門に当たる神田

神田明神・社殿（現在）

駿河台に移転した。さらに、元和《げんな》二年（一六一六）、神田明神は湯島台（現在地）に再度、移転した。二年後、幕府の寄進によって、桃山風の豪華な社殿が完成。以後、神田明神は江戸総鎮守として、江戸の庶民の信仰を集めた。

このように、神田明神の歴史が目まぐるしく展開したのは、偶然にも、創建された場所が将門塚のすぐ近くにあったためだ。主祭神は大己貴命ではあるが、決定的な影響力を持っていたのは平将門命だった。

家光が将軍だった寛永十二年（一六三五）からは、神田明神と山王権現《さんのうごんげん》（日枝神社）の祭礼が「天下祭」と称され、祭りの行列が江戸城内に入るようになった。明らかに、徳川幕府は神田明神に特別な気遣いを示していた。

幕府はなぜ、神田明神に手厚い保護を与え続けたのだろう。『江戸史跡事典』はいう。

「逆賊とされながらも、関東一円の民衆に敬愛されている将門を城下の総鎮守として保護し、尊皇倒幕などの機運を封ずる遠謀深慮《えんぼうしんりよ》という穿《うが》った見方もあるが、真実の一端をいい当てているかもしれない」

確かに一理ある。

しかし、天海は将門の御霊を鬼門の悪神としないために礼を尽くしはしたが、決して心を許していたわけではなかった。

それは、「江戸総鎮守として江戸城の鬼門鎮護を託された」はずの神田明神のさらに鬼門の方角に、寛永二年（一六二五）に寛永寺本坊が完成したからだ。要するに、江戸城の最終的な鬼門鎮護の役割を担う寛永寺によって、神田明神は背後から監視されていたことになる。

浅草寺を「飼い殺す」

浅草の浅草寺《せんそうじ》に出かけると、雷門《かみなりもん》、仲見世《なかみせ》、観音堂（本堂）にかけて、いつも大勢の人で賑わっている。現在の観音堂は昭和三十三年（一九五八）の再建。それから五十年が過ぎ、だいぶ傷んできたため、平成二十一年（二〇〇九）から二十二年にかけて、平成の大修繕が実施された。

浅草寺の歴史は古い。推古天皇三十六年（六二八）、檜前浜成《ひのくまのはまなり》、竹成《たけなり》兄弟が、隅田川で漁をしていて、黄金の観音像を拾い上げ、郷司の土師中知《はじのなかとも》の屋敷に祀ったのがきっかけとされる。それから十七年後の大化元年（六四五）、勝海上人《しょうかいしょうにん》が浅草寺を開基し観音像を本尊とした。これとは別に、檜前浜成、竹成、土師中知の三人は、三社権現社《さんしやごんげんしや》（現、浅草《あさくさ》神社）に祀られて、浅草の総鎮守になった。このように、当初から、神と仏が習合《しゆうごう》していた。

天安《てんあん》元年（八五七）になって、延暦寺の磁覚大師《じかくだいし》円仁《えんにん》が黄金の秘仏に代わる観音像を彫刻して寄贈。その縁で天台宗となり、円仁を中興の祖とした。

天海にとって、江戸最古の歴史を誇り、自らが属する天台宗の第三代座主円仁を中興の祖と仰ぐ浅草寺は、江戸城の鬼門鎮護を委託できる、信頼のおける寺院のはずであった。しかしながら、一方には、気になる事情もあった。

文芸評論家の堀切直人の労作『浅草』シリーズ四部作のうち、『浅草　江戸明治編』に意外な記述がある。

「浅草は江戸に、その一部として属するのではない。浅草と江戸とは、互いにまったく別個の町として形成され、発展してきた。江戸を江戸城を中心とした城下町ととらえると、浅草は武家文化の感化をほとんどこうむらない門前町であるという点で、江戸とはおよそ性格を異にする町であるといわなければならない。少なくとも徳川時代以前には、浅草と江戸とは、両方の住民の間で別々の町として認識されていた。江戸時代初期には、浅草の住民は自分の土地が江戸に属するなどとはまったく考えていなかったらしく、日本橋のあたりに出かける際は、これから江戸へ行く、と言うのを習いとしていた」

堀切が指摘するように、浅草と江戸とが性格を異にする町であるのなら、江戸城の鬼門に位置する浅草寺は、将軍および幕府にとって厄介な存在になるかもしれない。つまり、かつての一向一揆《いっこういっき》のように、浅草寺の僧侶や信徒が連合して、幕府に敵対する可能性も捨てきれないのである。一向一揆とは、室町・戦国時代に近畿、北陸、東海地方に起こった一向宗《いっこうしゅう》（浄土真宗）門徒の一揆で、徳川家康もこれに苦しんだ。

危険な火種は早めに消しておかねばならない。天海は、家康が三河の一向宗門徒と敵対した先例を研究して、浅草寺をいわば「飼い殺す」ことに決めた。いったん味方に引き込んでおいて、その後にじわじわと圧力を加え、力を削いでいくやり方である。

金龍山浅草寺編『浅草寺今むかし』の一節に、こんな文章がある。

「家康が江戸に入府すると、天海大僧正の進言もあって浅草寺を祈願所に定め、寺領五百石が与えられた。江戸時代に入ると、元和四年（一六一八）には、境内に家康を祀る東照宮の造営が行われるという、各寺院の中で破格の扱いを受けた」

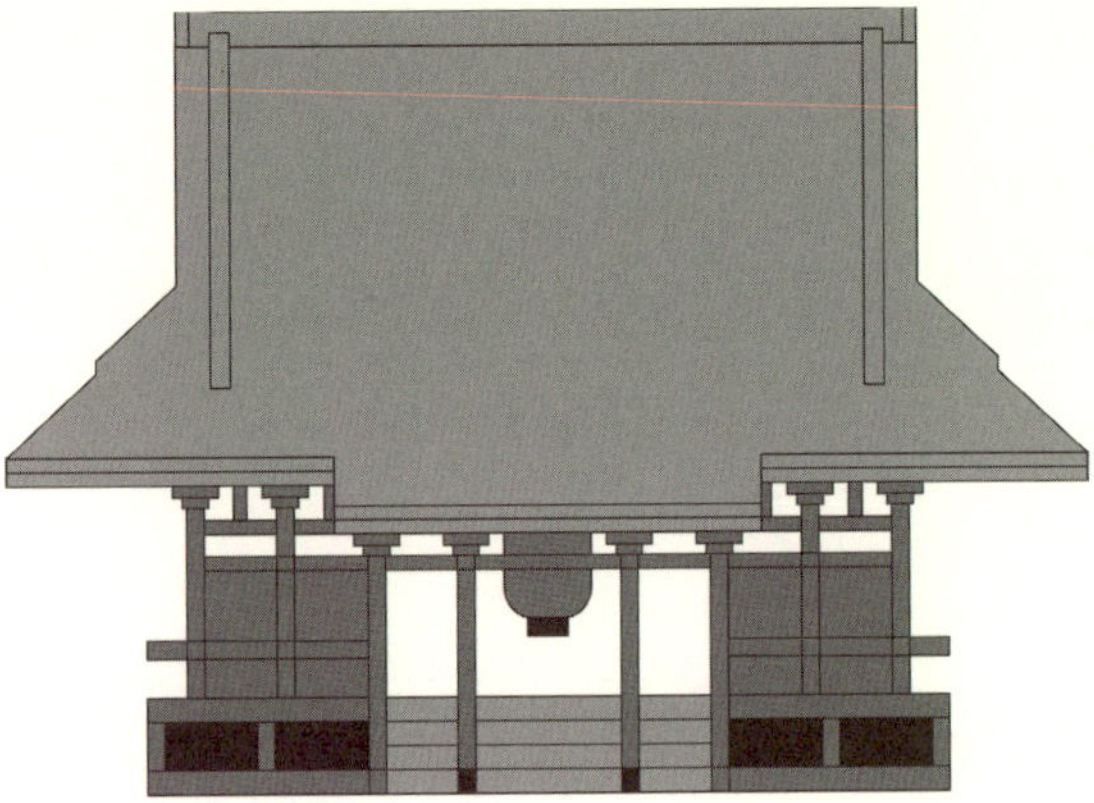

浅草寺・観音堂（現在）

しかし、五代将軍綱吉の時代になって、事態は一変する。

「貞享二年（一六八五）に、ときの別当《べっとう》（住職）忠運が将軍綱吉の忌避に触れ、職を罷免された。それ以降、浅草寺は東叡山寛永寺を治める輪王寺《りんのうじ》門跡法親王宮《もんぜきほうしんのうのみや》の支配下に属することになった。その後、元文《げんぶん》五年（一七四〇）からは、別当代（副住職）が置かれ、毎日の寺務を寛永寺に報告している。これが『日並記《ひなみ》』である」（同）

浅草寺は江戸以前からすでに大寺であった。しかし、天海の老獪《ろうかい》な「飼い殺し」策にはまり、家康の庇護で祈願寺として格式を誇ったものの、綱吉の代になると格下げされたのである。

寛永寺の支配下に入り、さらに八代将軍吉宗の節約策「享保《きょうほう》の改革」によって、幕府からの助成は途絶えてしまった。このため、浅草寺は庶民路線へと転換せざるを得なかった。ただし、それが効を奏し、町人の人気を集めた面もある。

再び、堀切直人『浅草　江戸明治編』に戻る。

「元禄時代以後、浅草は江戸に統合されて江戸の一部と化し、アジール（避難所）としての独立性を減じていかざるをえない。徳川幕府は浅草寺を、将軍家の菩提所である上野寛永寺の統制下に置く一方、浅草に関する歴史的資料を組織的に湮滅《いんめつ》しようと図った。徳川時代以前の浅草関係の史料が思いのほか乏しく、浅草が江戸時代に初めて歴史に登場するような印象が一般に広まっているのは、この幕府の策謀のためである。

だが、そのような徳川幕府の統治政策にもかかわらず、浅草は暗々裡《あんあんり》に江戸に従属することを拒否し続けた。歴史の水面上では浅草は江戸に吸収されたが、水面下では、城下町である江戸と門前町である浅草との対立の構図は決して消え失せることがなかったのである」

浅草寺は将軍家の祈願寺として、名目的には江戸城本丸の鬼門鎮護を託された。しかしながら、実際のところは、真の鬼門鎮護の役割を担う寛永寺によって、浅草寺は支配され続けたことになる。

寛永寺の役割

鬼門鎮護で最大の役割を担うのは、いうまでもなく天海自らが開山し、初代住職となった東叡山寛永寺である。寛永寺は後に徳川家の菩提寺となり、四代家綱をはじめとして六人の将軍の御霊屋《おたまや》（将軍の霊廟）がつくられた。

敷地は上野公園を中心とした約三十万坪で、不忍池《しのばずのいけ》六万坪を加えると、全体で三十六万坪にもなった。一帯は忍岡《しのぶがおか》と呼ばれる丘陵で、以前は藤堂、津軽、堀の三大名の下屋敷があり、それ以外の土地は上野村と総称された。

寛永寺の歴史は、元和八年（一六二二）に、二代将軍秀忠がこの地を天海に寄進したことに始まる。寛永二年（一六二五）に本坊が竣工したのを皮切りに、堂舎の建設が延々と続けられ、元禄十一年（一六九八）に中核となる根本中堂《こんぽんちゅうどう》が竣工して、ひとまず全山が完成した。構想から実に七十六年後である。

その間、寛永二十年（一六四三）には天海が没したほか、二代秀忠、三代家光、四代家綱も死去。五代綱吉の時代を迎えていた。

寛永寺は京都の比叡山延暦寺《ひえいざんえんりやくじ》を強く意識してつくられた。山号を東の比叡山の意味で東叡山《とうえいざん》と称し、寺号は延暦寺が時の年号「延暦《えんりやく》」から採用したのにならい、「寛永《かんえい》」という年号使用の勅許《ちよつきよ》を受けて寛永寺と定めた。また、本坊の院号を「円頓院《えんどんいん》」としたのも、延暦寺の本坊が「止観院《しかんいん》」と称したことによる。天台宗の教義に、「円頓止観《えんどんしかん》」という言葉があり、これを二分して使ったのである。

さらに、不忍池を琵琶湖に見立て、池に島をつくって竹生島《ちくぶじま》を写し、弁天堂を建てて宝厳寺《ほうごんじ》にある弁財天《べんざいてん》の代わりとした。また、清水観音堂は清水寺、祇園堂《ぎおんどう》は祇園社《ぎおんしや》（現、八坂神社）を模したものだった。

位置関係は正確ではないものの、比叡山と京都の周辺を細々と写し取っている。天海は、歴史の浅い寛永寺に、八百年以上の歴史を誇る延暦寺の風格を与え、鬼門鎮護を徹底させようとした。

三代将軍家光に関する記録をまとめた『大猷院殿御実紀《たいゆういんでん》』は、寛永寺は鬼門鎮護のために創建されたと明記する。

「昔、桓武天皇が平安京に遷都したとき、伝《でん》教大師最澄《ぎょうだいしさいちょう》は鬼門となる比叡山に延暦寺を創建。以降、千有余年にわたって帝都を鎮護し、皇室が栄えるように祈り奉ってきた。今、平安京の例にならって、江戸城鬼門の忍岡に七堂伽藍を建立し、国家の安全と武運の繁栄を祈ろうとしたと聞いている」

さて、寺院や神社の堂舎は、一般的には東―西軸または南―北軸に沿って配置されることが多い。しかし、寛永寺の堂舎は北東―南西軸、すなわち鬼門―裏鬼門軸に沿って配置されている。この事実を明らかにしたのは、丹羽博亨武蔵工業大学教授らの論文「関東天台宗の堂舎構成に関する研究」である。

寛永寺には大きく二本の鬼門―裏鬼門軸があ

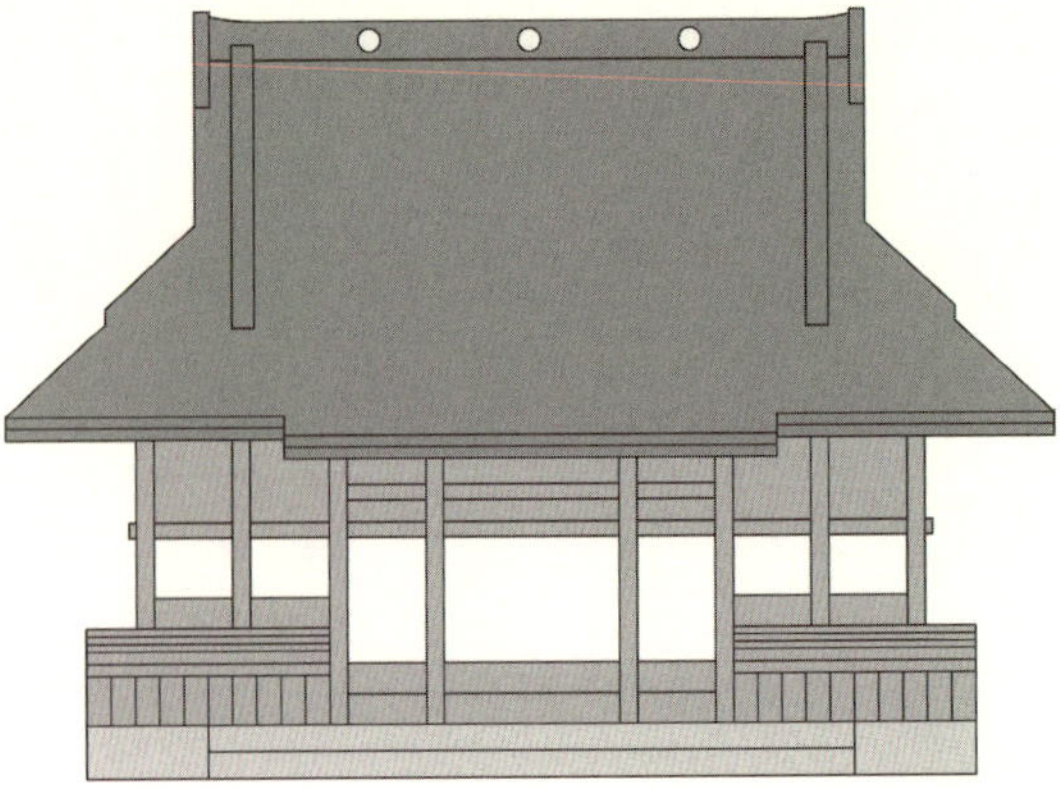
寛永寺・根本中堂（現在）

った。

第一の軸は、寛永寺の中心となる根本中堂《こんぽんちゆうどう》から江戸城に伸びる、鬼門—裏鬼門軸に沿う主軸である。根本中堂から南西に進むと、主軸の左に多《た》宝塔《ほうとう》、右に輪蔵《りんぞう》が対になって配置されている。その南西には、主軸の左に法華《ほつけ》堂《どう》、右に常行堂《じようぎようどう》が、やはり対に配置されている。さらに南西には、主軸に沿って文珠楼《もんじゆろう》が立ち、最終的に江戸城本丸に達した。

この構成は、寛永寺が江戸城の鬼門鎮護のために創建された、格好の証拠になる。

第二の軸は、根本中堂の左背後（北東側）にあった慈《じ》眼堂《げんどう》から江戸城に伸びる、鬼門—裏鬼門軸に沿った副軸である。慈眼大師天海を祀る慈眼堂を南西に進むと、天海が生前住んでいた本覚院があり、その南西に山王社《さんのうしや》が置かれた。

天台宗では、山王社は境内の地《じ》主神《ぬしがみ》となり、かつ守護神ともなる。そういう観点から見ると、寛永寺において、山王社は根本中堂に次ぐ重要施設と解釈することもできる。

日枝神社と山王権現

日枝神社の最寄り駅は、地下鉄の赤坂見附または溜池山王である。境内（千代田区永田町二丁目）には、山王男坂、山王女坂、山王橋・エスカレーター、稲荷参道、西参道など多くの参道があるため、参道を替えるたびに新しい風景を目にできる。

江戸城の裏鬼門を鎮護する日枝神社には、複雑な歴史的背景があり、それを知らずに、天海が鎮護を託した真の意味を理解することはできない。

まず、本家の日吉大社《ひよしたいしゃ》（滋賀県大津市坂本）には東西二つの本宮があり、祭神は東本宮が大山咋神《おおやまくいのかみ》、西本宮は大己貴神《おおなむちのかみ》となる。『日本史広辞典』によると、大山咋神は「大いなる山の杙《くい》」の意とされ、「杙」とは地中に打ち込んで支柱や目印にする棒を指す。すなわち、比叡山一帯の地主神だったと考えられる。一方、大己貴神は別名、大国主命《おおくにぬしのみこと》であり、打出の小槌を抱えた大黒様でもある。

比叡山は、『古事記』で「近つ淡海国《おうみ》の日枝《ひえ》の山」と記された。「近つ淡海」は琵琶湖のことで、「遠つ淡海」と呼ぶ浜名湖に対して、都に近い湖の意でいう。また、日枝の山であるゆえに、日吉大社と書いて、ひよし大社と読むだけでなく、ひえ大社と読む場合もある。

東本宮が創建された年は不明だが、西本宮は天智六年（六六七）の創建とされる。後になって、伝教大師最澄が、延暦七年（七八八）に延暦寺を創建し、天台宗総本山とした。これにより、比叡山に、日吉大社と延暦寺が、いわば同居したことになる。

最澄は延暦二十三年（八〇四）、唐に渡り、天台山国清寺で天台教学を学んで、翌年に帰国した。その際、国清寺に鎮守神として祀られていた山王元弼真君《さんのうげんひつしんくん》にちなんで、日吉大社に「山王権現《さんのうごんげん》」という神号を奉り、比叡山延暦寺の鎮守神とした。権現《ごんげん》とは「菩薩《ぼさつ》の化身《けしん》として現れた日本の神」。すなわち神仏習合の象徴であり、日吉大社と延暦寺が深い協調関係を確立したことを物語る呼称である。

この結果、全国各地の末社は、日吉《ひよし》神社、日《ひ》枝《え》神社、山王権現《さんのうごんげん》、山王社《さんのうしゃ》、山王宮《さんのうのみや》など複数の呼び名を持つことになった。また、これらの末社は、天台宗の寺院の鎮守神として勧請《かんじょう》された例が多い。

さて、東京の日枝神社は、江戸時代には日枝山王社といった。

鈴木理生『千代田区の歴史』によると、同社に関する最も古い記録は、豊島郡江戸郷山王宮の住僧が、貞治《じょうじ》元年（一三六二）の日付入りで差し出した文書とされる。この山王宮は、江戸重継が一一五〇―八〇年ころ江戸館を築いたとき、鎮守神として館に勧請したものと考えられ

日枝神社・本殿（現在）

るが、位置は不明である。

次いで、太田道灌が長禄《ちょうろく》元年（一四五七）に江戸城を築城したとき、山王社を城内北側の梅林坂に移転し、鎮守神として祀ったとされる。

ここで強調しておきたいのは、山王社は、江戸重継の時代に江戸館の裏鬼門に位置していたわけではなかったし、太田道灌の時代にも江戸城の裏鬼門に位置していなかった事実である。鈴木理生は、「当時の山王社は、江戸最古の寺であり、かつ大寺として影響力を誇る浅草寺の裏鬼門を守る役割だった」と推測する。山王社は、いわば力の強い浅草寺を重視したのである。

「しかし、徳川家康が江戸に入った後、事情は変わった。山王社が守らなければならないのは、家康の江戸城となった」（『千代田区の歴史』）。すなわち、山王社は、浅草寺を見切って、家康の江戸城にしたがったことになる。

それを裏付けるかのように、家康は天正十八年（一五九〇）に江戸城に入って、城内の模様替えをする際に、山王社を本丸の裏鬼門（南西）に当たる紅葉山に移した。

下って、二代将軍秀忠の慶長九年から十二年（一六〇四―〇七）ころ、江戸城改造にともない、山王社を本丸の裏鬼門にある、半蔵門外の貝塚村（現、千代田区隼町、最高裁判所の地）に移した。

さらに明暦の大火（一六五七）の後、市街地改造にともない、山王社を江戸城裏鬼門の永田馬場（現在地、千代田区永田町二丁目）に移した。万治二年（一六五九）のことである。

同社は度々、移転を繰り返したため、所在地によって江戸郷「山王宮」、江戸城「山王社」、日吉《ひえ》山王、山王権現」、貝塚村「貝塚山王、麹町山王、元山王」、永田馬場「永田山王」などいくつかの呼び方をされ、これを「江戸山王」と総称する。そして、明治になって日枝神社に改名した。

家康は江戸山王を将軍家の産土神《うぶすながみ》として祀り、社殿を造営し、六百石の神領を寄進した。産土神とは生まれた土地の守り神である。また、山王祭は神田祭とともに「天下祭」といわれ、行列が江戸城内に入ることを許された。徳川幕府は江戸山王に特別な気遣いを示していたことになる。

これは、江戸山王が古くから、江戸城の鎮守神として祀られてきたからである。加えて、山王権現が天台宗総本山である比叡山延暦寺の鎮守神であり、当時、天台宗関東総本山寛永寺の初代住職であった天海にとって、親しみが感じられたからでもあろう。

要するに、江戸山王は江戸城の裏鬼門鎮護を安心して委ねられる、天海の信頼が厚い神社であった。ほかに、天台宗の寺院である寛永寺および浅草寺には、それぞれに山王社が勧請され、境内の鎮守神として鎮座していた。

このように、江戸城の鬼門と裏鬼門を鎮護する上で、江戸山王は特別な存在であった。

増上寺と太田道灌の絆

港区芝公園の増上寺にお参りする際に、JR浜松町駅から大門通りを西に向かい、和風の「大門《だいもん》」をくぐり抜けると、急に江戸をしのばせる雰囲気になる。

『増上寺境内と芝公園の研究』によると、三縁山《さんえんざん》増上寺はかつて、江戸館の西側の貝塚（現、千代田区平河町界隈）にあったとされる。初めは光明寺という真言宗の寺だったが、室町時代初期の至徳二年（一三八五）に、僧酉誉聖聡《ゆうよしょうそう》によって浄土宗に改宗。さらに、明徳二年（一三九一）に増上寺と改めた。

長禄元年（一四五七）に、太田道灌が江戸城を築城してから、増上寺の名前が歴史に登場するようになる。増上寺三世の音誉聖観《おんよしょうかん》は道灌と親交があり、歌会「武州江戸歌合」にも同席した記録がある。当時は乱世であり、増上寺も戦乱に巻き込まれて焼失したが、道灌が再建したという。また、文明十八年（一四八六）、道灌が相模国糟屋《さがみのくにかすや》で伐たれたとき、位牌が増上寺に納められたとされる。道灌と増上寺は深い絆《きずな》で結ばれていた。

天正十八年（一五九〇）、徳川家康が江戸に入城したおり、増上寺は徳川家の菩提寺に定められた。その理由は三点。まず、徳川家のもともとの菩提寺が、三河の大樹寺《だいじゆじ》という浄土宗の寺であったこと。次に、増上寺十二世の源誉存応《げんよぞんおう》と大樹寺の住職が師弟関係にあったこと。そして、増上寺が浅草寺と並んで、歴史の古い大寺であったことだ。ほかに、江戸城を築いた太田道灌との深い絆も、考慮された可能性がある。

増上寺は当時、江戸城本丸から見て南西の貝塚に位置した。よって、徳川家の菩提寺として、裏鬼門鎮護の役割を担ったことになる。

家康による江戸城の拡張工事にともない、慶長三年（一五九八）に、増上寺は芝に移転した。境内は二十五万坪もの広さである。ただし、江戸城本丸から見ると、厳密には南南西の方角に位置するため、裏鬼門鎮護の役割がやや損なわれるかたちになった。

『三縁山志』の一節には、四神相応《しじんそうおう》に関する記述がある。

「後ろには、圓山、観音山、地蔵山などの丘陵が続き、左には櫻川が流れ、右には赤羽に通じる内大道（参道）があり、前には江戸湾の浜近

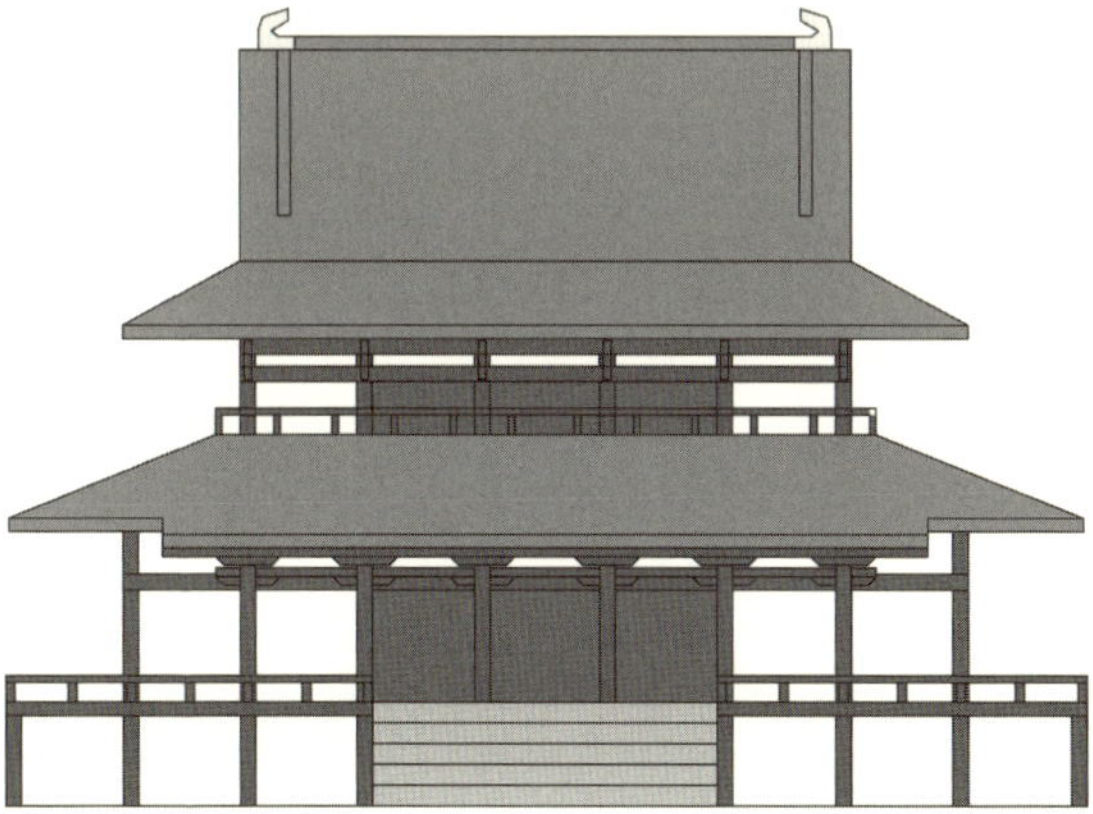

増上寺・本堂（現在）

くに松原が見えて、四神相応にかなっている」

山内は神仏習合でもあった。境内の鎮守として、鬼門の位置に熊野三社大権現を勧請し、裏鬼門の位置に蓮池をつくり弁財天を祀った。

家康が没した際には、存応が導師を務め、徳川家との縁をさらに強くした。境内には、二代秀忠をはじめ六人の将軍の御霊屋《おたまや》があり、寛永寺とともに繁栄した。ほかに、学問のための学寮が立ち並び、最盛期の学僧は三千人といわれている。

天台宗の寛永寺を率い、江戸城の鬼門を鎮護する天海にとって、裏鬼門を鎮護する増上寺は少し煙たい存在だったと思われる。その理由のひとつは、増上寺が浄土宗の寺院であったことだ。浄土宗の開祖は円光大師《えんこうだいし》法然《ほうねん》であり、天台宗とはライバル関係にあった。また、寛永寺に先駆けて、徳川家の菩提寺を務めていた事情もあった。

鬼門という磁界

以上のように、天海が立案した江戸城の鬼門・裏鬼門対策は、大きく二段構えであった。筑波山に至る鬼門の方角については、神田明神、浅草寺、寛永寺に鎮護を託し、かつ平将門の御霊に配慮した。一方、富士山を望む裏鬼門の方角については、日枝神社、増上寺に鎮護を託し、かつ太田道灌の御霊に配慮した。

その結果、鬼門と裏鬼門の領域には、鬼（悪神《あくじん》）に対抗しようとして、神、仏、御霊が発する独特のエネルギーが流れていた。その状態を「磁界」、すなわち磁力が働く空間に例えよう。江戸における「鬼門という磁界」には、次のような複雑な磁力が満ちていた。

平将門の御霊――怨霊伝説をまとう反逆の武将。祟ると恐い。
太田道灌の御霊――江戸城を築いた文人武将。尊敬すべき先達。
神田明神――影の主役は将門命。敵に回してはいけない。
浅草寺――江戸最古の寺院。独自の門前町を形成。
寛永寺――天海が創建。菩提寺として徳川家を支える。
日枝神社――元来は比叡山の地主神。江戸では徳川家の産土神。
増上寺――道灌との絆が深い。菩提寺として徳川家を支える。

江戸が東京に変わったとき、これら「鬼門という磁界」は、いきなり磁気嵐に襲われた。

富士山、江戸城天守、筑波山

第三章　鬼門と明治維新

年号が慶応四年から明治元年に改まった一八六八年、江戸・東京は激動した。この一年で、首都の支配者は「葵の御紋」の徳川将軍家から、「菊の御紋」の天皇家に入れ替わった。江戸が東京に変わったとき、「鬼門という磁界」には磁気嵐が吹き荒れた。特筆すべきは、首都のど真ん中で、「天皇の居場所」が西にそろりと移動したことである。皇居は、京都から東京に遷《うつ》ったのだから、大きく見ると西から東に移動した。しかし、皇居の中で、天皇の居場所所は、なぜか東から西に逆移動したのである。

時間を追って述べる。

慶応四年一月三日。京都南郊の鳥羽・伏見で、薩摩・長州両軍を主力とする官軍と幕府軍が衝突した。錦の御旗を掲げ、装備でまさる官軍は幕府軍を圧倒。六日になって、幕府軍を敗走させた。

翌七日、十五代将軍慶喜《よしのぶ》に対する追討令が出された。官軍は、有栖川宮熾仁親王《ありすがわのみやたるひとしんのう》を大総督、西郷隆盛を大総督府参謀として、東征を開始。破竹の勢いで江戸に迫った。

西郷隆盛は、三月十三日に、江戸の薩摩屋敷で、幕府陸軍総督の勝海舟と会見し、江戸城の無血開城を決めた。そして四月十一日、官軍はついに江戸城に入った。

明治維新に際して、江戸城の鬼門を守っていた上野の寛永寺と、裏鬼門を守っていた芝の増上寺には、対照的な運命が訪れた。伊坂道子編『増上寺旧境内地区歴史的建造物等調査報告書』は、次のように記す。

「東海道先鋒軍は白金瑞聖寺を経て増上寺に止宿している。四月十五日には官軍大総督も入府し、増上寺に一時滞留した。この時の山内の滞在兵は延べ一万人余りと伝えられる。大総督は四月二十一日に開城された江戸城に入る。五月十五日、官軍は出陣し上野の山で彰義隊との戦いとなった。

東海道から東上した官軍は、江戸南西入口の芝増上寺を足がかりにして兵を進め、その一方で江戸の北東に懐深く位置していた上野寛永寺は、それを待ち受ける戦場となった。

この戦火により寛永寺では堂舎や子院、霊廟の建造物の多くが失われた。反対に増上寺の建造物群は無事であった」

まさしく運命のいたずらであろう。ともに徳川家の菩提寺であり、江戸城の鬼門と裏鬼門を守っていた寛永寺と増上寺は、攻撃する立場と防御する立場とに引き裂かれた。上野戦争により、寛永寺はその大半を焼失。これに対し、芝の増上寺は激動期をひとまず無事に乗り越えた。明暗はくっきりと分かれたのである。
その後の出来事をたどる。

七月十七日　江戸を東京と改める。
七月二十三日　徳川慶喜が謹慎のため駿府（現、静岡県）に入る。
九月八日　改元し、明治となる。
九月二十日　明治天皇が京都を出発。
十月十三日　明治天皇が東京に着く。

寛永寺の守護神であった山王社の跡地には、明治三十一年（一八九八）になって、奇《く》しくも西郷隆盛の銅像が建てられた。山王社の跡地は高台になっていて、現在では山王台と呼ばれている。

泣いた三寺院、笑った日枝神社

明治維新によって、鬼門の神、仏、御霊にどんな変化が訪れたのだろう。手短にまとめる。
まず、寛永寺、増上寺、浅草寺の三寺院である。宗教政策として国家神道を掲げた新政府は、慶応四年（一八六八）三月に、古代から続いた神仏習合を禁じる神仏分離の布告（神仏判然令）を発した。江戸時代末期まで、神社には寺院が付属し、同時に寺院には鎮守社《ちんじゅしゃ》が祀られるのが一般的であった。しかし、神仏分離令により、神社と寺院との共存はあっけなく終焉。神社付属の寺院は破壊され、寺院付属の神社は取り払われるか、移転させられるかした。

続いて明治四年（一八七一）、新政府は社寺領の上地令《じょうちれい》（社寺境内地上地処分令）を発し、寺社領の多くを官有地とした。このため、領地から上がる米、地代などの定期収入を失った寺社は、経済的に苦しい立場に追い込まれた。

さらに明治六年（一八七三）、新政府は追い打ちをかけるように、「公園」制度を創設した。東京府はこれを受け、浅草（浅草寺）、上野（寛永寺）、芝（増上寺）、深川（富岡八幡宮）、飛鳥山の五カ所を公園にすることを申し出た。新政府は、徳川家ゆかりの浅草寺、寛永寺、増上寺を、世俗的な公園用地に選ぶことによって、徳川幕府の威光を消し去ろうとしたのである。

このため、上野戦争のダメージに悩む寛永寺だけではなく、増上寺および浅草寺も窮乏した。

一方、日枝神社だけは、新政府にすんなり受け入れられた。まず、明治元年（一八六八）十一月に、准勅祭社《じゅんちょくさいしゃ》に定められ、勅使が訪れて奉幣《ほうへい》した。以降、明治五年（一八七二）に府社《ふしゃ》、十五年（一八八二）に官幣中社《かんぺいちゅうしゃ》、大正元年（一九一二）に官幣大社《かんぺいたいしゃ》と、まさにとんとん拍子に格が上がった。

官幣中社になったのは、「皇城の鎮護たる故を以て」とされる。また、皇室の信頼が厚く、皇室典範《てんぱん》、帝国憲法の制定を始め、開戦および平和克復などの重大事に際しては、常に勅使が出向いたという。

要するに、日枝神社は、徳川支持から一気に立場を変えて、皇室支持に転じたことになる。考えてみると、祭神の大山咋神《おおやまくいのかみ》は、元来は比叡山の地主神であり、後に天台宗延暦寺の鎮守神となった。つまりは、皇室に近い神なのである。

神田明神の明治七年事件

これに対して、将門命《まさかどのみこと》を祀る神田明神に関して、新政府の施策は揺れ動いた。『神田明神史考』の第五節「明治七年事件と明治天皇の親拝」に、極めて興味深い一節がある。

明治五年（一八七二）、新政府で宗教行政を担当する教部省から、神田明神の「二の宮」、平将門命に対して異議が唱えられた。逆賊の将門を祀るのは不届きである、との趣旨であった。

当然ながら、神田明神は反論を試みた。

「平将門命は、神田明神に数百年以上祀られている。庶民の信仰も厚く、霊験もあらたかである。寛永年間には、後水尾天皇から将門の罪を許すとする勅免《ちよくめん》を賜っている。今さら、将門命を廃する理由はない」

しかし、新政府に遠慮してか、合わせて妥協策も提示した。

「現在のように、一の宮の大己貴命《おおなむちのみこと》と合祀するのが不都合であるのなら、別殿を作って将門神をお移しする。本殿へは、新たに、茨城県の大洗磯前神社から、少彦名命《すくなひこなのみこと》を二の宮として迎える。大己貴命と少彦名命は国土を経営する神とされている」

少彦名命は小柄で、大己貴命と協力して国づくりをし、後に常世《とこよ》に渡ったとされる。ところが、教部省は強硬であった。明治七年（一八七四）二月に、追加見解を発表した。

「平将門は我が国の歴史上、類を見ない賊臣である。将門の霊を神田明神に祀ることは断じて許されない。かつて、里人が怨霊を恐れて堂内に祀ったとしても、この文明の時代に、逆臣を祀ることがあってはならない」

教部省と神田明神の論争に一応の決着をつけたのは、東京府知事の大久保一翁《おおくぼいちおう》であった。大久保府知事は神田明神の意見を認めた。このため、八月になって、神田明神は、将門命を本殿から境内の大国主神社へ仮遷座《かりせんざ》。本殿には新たに少彦名命を迎えて、二の宮とした。

けれども、このような処置は、氏子である神田の住人には不評であった。彼らの目に映ったのは、教部省の圧力に屈して、神田明神が将門命を格下げし、本殿外部の摂社《せっしゃ》に追い出してしまったという事実だけである。そのため、九月十五日に行われる神田祭になっても、誰一人として、協力しようとしなかった。

東京の中心地にある神田明神で、氏子が新政府に対して悪感情を抱いた事実は、皇室としても無視できなかったのだろう。九月十九日になって、明治天皇は神田明神へ行幸した。

作家の村上元三は「逆賊を祀る江戸っ子の氏神」（『文藝春秋デラックス』昭和五十年十一月号）でこう記す。

「明治七年九月十九日、明治天皇が、板橋付近の蓮沼村の大演習親閲《しんえつ》のあと、急に神田明神へ行幸のことがあった。これは、前々から決められていたのではなく、前日になって急に神社へ通知があり、神官たちは狼狽《ろうばい》したらしい。神社ではいそいで一の鳥居から二の鳥居、そして楼門から拝殿へかけて、幔幕《まんまく》を張った。

大演習親閲のあと、明治天皇は軍服に乗馬で、拝殿の前まで進んだ。拝殿の左右に、西の間と東の間という二部屋があり、東の間は平常使っていなかったので、ここが御座所にあてられた。天皇は拝殿へあがって参拝したが、正式のことではないので、神官が祝詞《のりと》をあげるのは略されたという。そのあと、天皇は御座所で休憩をし、宮城へ帰られた。

明治天皇が、東京市中で参拝したのは、靖国神社のほか、神田明神しかない。神社へ金二千疋《ひき》を賜った、とあるが、勅使の代拝ではなく、なぜ明治天皇が神田明神へ参拝されたのか、だれかが進言したのか、そのあたりのことはわからない。朝廷へ逆意があったと伝えられていた平将門を祀る神田明神へ、正式ではなくても、天皇が参拝されたというのは、なにか意味があったのだろうか。とにかく、天皇の参拝があった、と新聞で知った神田明神の氏子たちは、大そうよろこんだという」

それから四年後の明治十一年(一八七八)に、新築なった将門神社へ将門命を遷座した。ただし、氏子の怒りが解けて神田祭が再開されたのは、明治十七年(一八八四)のことであった。

皇室と将門塚の関係

残るは、将門塚で眠る平将門の御霊である。

明治四年(一八七一)になって、新政府は酒井雅楽頭《うたのかみ》邸の跡地に大蔵省を設置。将門塚はそのまま大蔵省の構内に保存された。要するに、皇室および新政府の措置は、表面的には、江戸時代と何ら変わりはなかった。

しかし、深奥を探ると、皇室は将門塚に対して、徳川家以上に「触らぬ神に祟りなし」路線を徹底させていた節がある。それどころか、将門塚の存在を考慮して、「天皇の居場所」を西に移動させていた、とも推測できるのである。おそらく、「神田明神の明治七年事件」をひとつの反省材料にしていたのではないか。

江戸城は、明治元年に東京城、明治二年に皇城《こうじょう》、明治二十一年(一八八八)に宮城《きゅうじょう》と改名した。さらに、第二次世界大戦後の昭和二十三年（一九四八）以降、皇居と呼ばれるようになった。以下では、すべて皇居と記す。

かつて、江戸城には、東側に中心部（本丸、二の丸、三の丸）、中央に西の丸、西側に吹上庭園などがあった。本丸は将軍の住居であり、西の丸は将軍の隠居所または嫡男（世継ぎ）の住居になった。

江戸城の正門は、いうまでもなく本丸の大手門であり、門を出ると、大名屋敷が立ち並ぶ大手前（現、大手町）に通じた。一方、西の丸にも大手門があって、門を出ると、やはり大名屋敷が並ぶ西の丸下（現、皇居外苑）に通じた。

このように、徳川将軍の本来の居場所は本丸であった。しかし、明治になって、天皇の居場所はまず西の丸に移動した。これは、幕末に本丸御殿が火事で焼け落ちて、西の丸に仮御殿が建てられていたための、一時的な処置であった。すなわち、明治天皇は初め、仮御殿に住むしかなかったのである。結果として、西の丸大手門がそのまま皇居の正門となった。二重橋に近い、現在の皇居正門である。

ところが、明治六年（一八七三）になって、今度は仮御殿が火事により焼失した。原因は、女官部屋からの失火とされる。

そのため、明治天皇はいったん皇居を出て、赤坂離宮を仮皇居とした。赤坂離宮は以前、

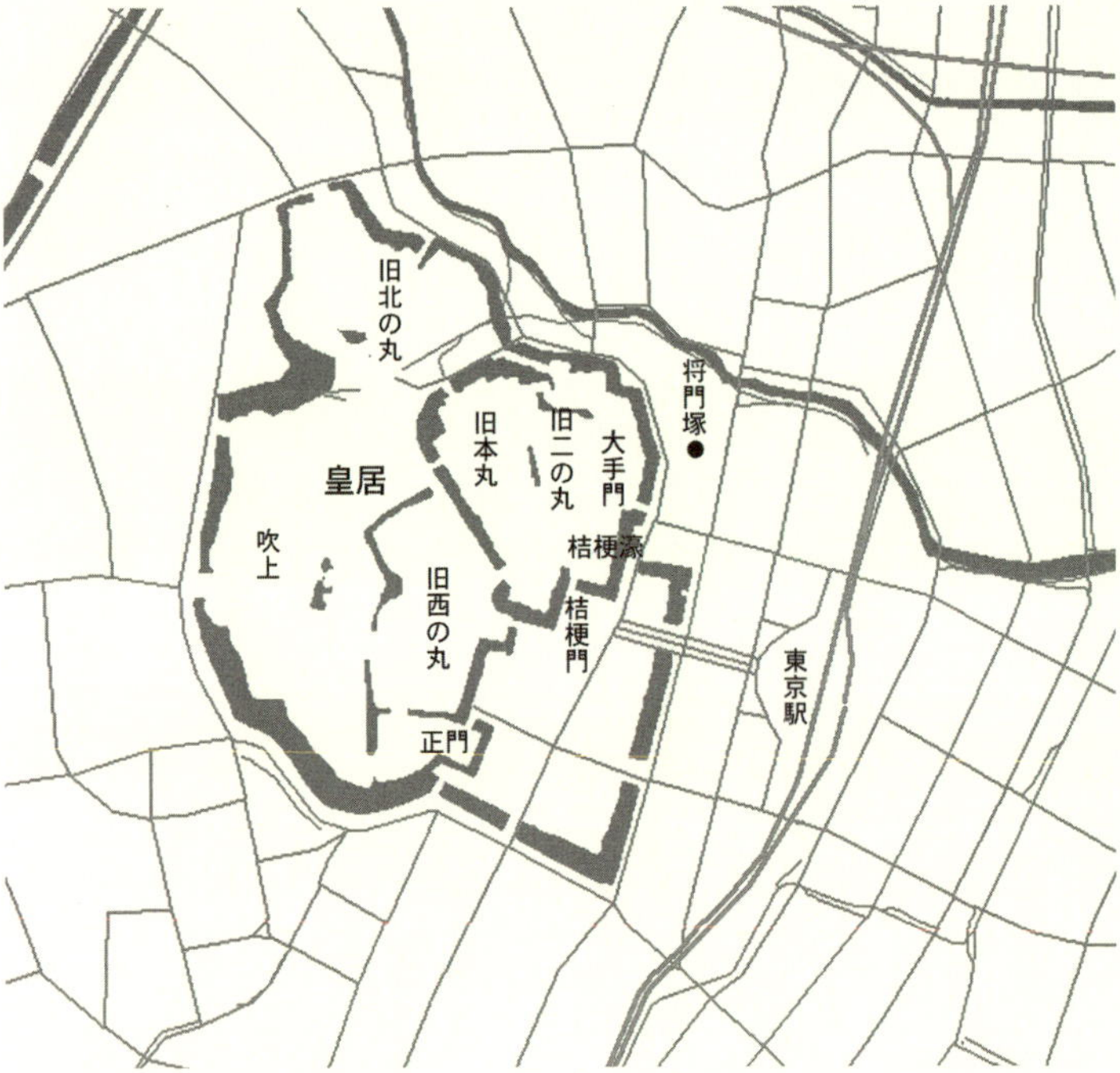

皇居と将門塚の位置関係

紀州徳川家の江戸中屋敷だったが、旧藩主徳川茂承《もちつぐ》が皇室に献上。皇室に移管した後に赤坂離宮と命名された。

その後、明治二十一年（一八八八）に、明治新宮殿が完成した。仮御殿が焼失してから、実に十五年も過ぎている。遅れに遅れた原因は、設計を巡る「洋風和風論争」や、明治十年（一八七七）の西南戦争による財政の悪化にあった。新宮殿は、京都御所を模した和風の外観、文明開化を意識した洋風の内装という、和洋折衷の様式である。しかし、その場所は、本丸ではなく、なぜか西の丸に留め置かれた。ともかく、これにより、天皇の居場所は、一時的にではなく、本格的に西に移動したことになる。

それから五十七年後の昭和二十年（一九四五）、明治宮殿は太平洋戦争の空襲で焼失した。昭和天皇は吹上御苑内の御文庫を仮の住まいとし、宮内庁庁舎の最上階を仮の宮殿とした。戦後、しばらくの間、焼失した宮殿の再建は行われなかった。昭和三十六年（一九六一）、日本が経済的なゆとりを取り戻したころ、天皇の住居となる吹上御所が完成。次いで、昭和四十三年（一九六八）に、儀式の場となる新宮殿が西の丸に完成した。これにより、天皇の居場所は、西の丸からさらに西側の、吹上に移動したことになる。

このように、天皇の居場所が、少しずつ西側に移動した事実を、どう解釈すればいいのか。それは、天皇が将門塚（大手町一丁目）から遠ざかり、ひいては、本丸の大手門を通行しなくても済むことを意味している。

平将門は、平安京への遷都を実施した桓武《かんむ》天皇から、数えて六代目の子孫であるにもかかわらず、かつて朝廷に背いた逆賊《ぎゃくぞく》である。しかも、大手門から将門塚まで、わずか約三百メートルの距離しかない。大手門を出入りする度に、鬼門の方角に眠る逆賊の御霊を意識しなければならないとしたら、皇室にとって誠に憂鬱な事態であったことだろう。要するに、皇室は、悪神の将門が眠る塚から、そろりそろりと遠ざかったのである。

崇徳上皇の怒り

将門塚から遠ざかるために、「天皇の居場所」が西に移動するようなことが、本当に起こり得るのだろうか。当時の皇室の意識を物語る逸話がある。民俗学者である谷川健一の名著『魔の系譜』から、崇徳上皇《すとくじょうこう》（一一一九—一一六四）の章を引用する。

「明治と年号が改元される半月ばかりまえ、慶応四年八月二十五日、明治天皇の勅使、大納言源朝臣通富、副使三条左少将は讃岐に下向《げこう》した。天皇即位の翌日から懸案になっていた、崇徳上皇の御神霊を京都に迎えたてまつるためである。

慶応四年といえば、ときあたかも、戊辰《ぼしん》の役の年。朝廷方は征伐軍を東上させ、まさに奥羽諸藩を挑発して、一戦をまじえようとしていた。このとき、崇徳上皇の霊が、奥羽諸藩の方に味方して官軍を悩ませたとしたら、それこそゆゆしい事態になるかも分からないと、朝廷は判断した。そこで、京都に御還御《かんぎょ》を願い、明治天皇の宣命《せんみょう》にも、『此頃皇軍に射向い奉る陸奥出羽の賊徒をば速やかに鎮め定めて天下安穏《あんのん》に護り助け賜え』という結語を入れることを忘れることができなかったのである。

それにしても、宣命の文章のなんと鞠躬如《きっきゅうじょ》として、崇徳天皇の御霊に向かっていることか。『御鬱憤《うっぷん》の中にかむあがらせ賜える』とか、『御積憤《せきふん》をなごめ奉り』とか、相手の帝の心情に心をよせ、さやけき新宮をつくったから『多年の宸憂《しんゆう》を散らし』て、お迎え人とともに京都にお還りいただくよう懇願しているのである。

それはまるで、怒れる人間をなだめるときの言葉とそっくりである。まかり間違って、粗略にあつかえば、それがかえって上皇の怒りを招くことをひたすら恐れているのである。しかし考えてもみよ。それは上皇の死後すでに七百余年を経ているのである。

上皇の怒りは日本の支配層をおどかし続けた。それにおびえ、おののき、煩悶《はんもん》のあげく、震動する白峰御陵に、自らの無力を告白し、その許しを懇願する権力者たち。それは何という価値の転倒、歴史の皮肉であろうか」

権力闘争と怨念

平安末期を生きた崇徳天皇（一一一九―六四）は、鳥羽天皇の第一皇子として生まれ、保安《ほうあん》四年（一一二三）に五歳で即位し、永治元年（一一四一）に二十三歳で退位した。その人生を通して、権力闘争に翻弄《ほんろう》され、最後は怨みを残して逝った天皇として知られる。

崇徳天皇の即位は、曾祖父・白河天皇の意志により、父・鳥羽天皇が譲位させられたための結果である。『古事談』は崇徳天皇の実の父を白河天皇とするが、真偽は不明である。

一方、崇徳天皇の退位は、父・鳥羽上皇の意志によるもので、異母弟・近衛天皇に地位を譲るように強制された。

この経緯を、じっくり眺めると、崇徳天皇が、父の鳥羽天皇と激しい対立関係にあったことが読み取れる。対立関係はその後も長く続く。

七十六代近衛天皇の死後、崇徳天皇は自らの皇子である、重仁親王へ皇位が継承されることを望んだ。しかし、鳥羽上皇の意志により、七十七代に同母兄・後白河天皇が擁立されたため、崇徳天皇の望みは絶たれた。

保元《ほうげん》元年（一一五六）、父・鳥羽上皇の死の直後に、「保元の乱」が発生した。このとき、皇室では崇徳上皇と後白河天皇が対立し、摂関家《せっかん》では藤原頼長と忠通が対立した。崇徳・頼長側は源為義・平忠正の軍を招き、後白河・忠通側は源義朝・平清盛の軍を招いて交戦した。

保元の乱を制したのは、後白河天皇側であった。敗れた崇徳上皇は、讃岐国に流され、長寛二年（一一六四）、四十五歳で没した。

それにしても、すさまじい権力闘争である。曾祖父（白河天皇）が父（鳥羽天皇）に圧力をかけて退位に追い込み、本人（崇徳天皇）が即位。しかし、曾祖父が没すると、今度は父の圧力で本人が退位。父が没すると、今度は本人と異母弟（近衛天皇）や同母兄（後白河天皇）との闘いである。

保元の乱以降、天皇の地位を継承したのは後白河天皇の系統であり、崇徳上皇の系統は途絶えた。

『魔の系譜』は「怨念の序章」で、次のように述べる。

「力を求める闘争のなかで、もっとも鋭い形のものは、政治支配をめぐる闘争である。政治闘争の敗北は、おうおうにして政治死を招く。怨恨もまた、もっとも激烈な形をとらざるをえない。政治的な敗北の場合、その怨恨を崇高《すうこう》な倫理的、あるいは宗教的な価値転換へと導くことはもはや不可能である。怨恨を攻撃性の武器に変える道しか残されていない」

「挫折して無念の思いで倒れた者、非業の死者、それらはすべて鎮魂しないかぎり加害者となって、勝者として生きる者たちをおびやかし、苦しめ続けたのである。民俗学で『御霊信仰』と呼ぶものがそれである」

谷川が指摘するように、慶応四年（一八六八）八月、皇室は崇徳上皇の祟りを恐れて、その御霊を京都に迎え入れていた先例がある。したがって、身近で起こった「神田明神の明治七年事件」を考慮。将門の御霊から遠ざかるため、「触らぬ神に祟りなし」とばかりに、天皇の居場所を西に移したとしても、何ら不思議ではないのである。

鬼門の光景

江戸が東京に改まったとき、「鬼門という磁界」でも、以上のように複雑な動きがあった。さらに、時間を一気に加速する。明治、大正、昭和の三代を経て平成に至った今日、東京における「鬼門という磁界」は、次のような光景に変わった。

平将門の御霊——将門塚はビル街の谷間に健在。祟ると恐い。
太田道灌の御霊——有楽町などに太田道灌像。尊敬すべき先達。
神田明神——旧江戸総鎮守。将門命が「三の宮」として復座。
浅草寺——観音堂（本堂）をお色直し。東京下町の中心。庶民に人気。
寛永寺——旧徳川家の菩提寺。縮小。山王台（山王社の跡地）に西郷隆盛像。
日枝神社——旧皇城の鎮。国会議事堂、首相官邸など重要施設に隣接。

増上寺——旧徳川家の菩提寺。縮小。楓山に東京タワーが立つ。

江戸時代と比較して、大きく変化したのは寛永寺、日枝神社、増上寺である。浅草寺は、ある意味では江戸以前に戻った。これに対して、平将門の御霊、太田道灌の御霊、神田明神の位置付けは、実質的に何ら変わりがない。

皇居の森

それでは、江戸と東京の鬼門史における中心地点、皇居はどのように変わったのだろう。

昭和三十六年（一九六一）に完成した吹上御所は、昭和天皇が崩御された後、皇太后（香淳皇后）の住まいとして吹上大宮御所と改称された。

現在の天皇・皇后両陛下は、即位された後も引き続き赤坂御所（現、東宮御所）に居住しながら、皇居の宮殿に通われていた。そして、平成五年（一九九三）、新たに完成した御所に移られた。新御所は吹上大宮御所の南側に位置する。すなわち、天皇の居場所は、将門の御霊が眠る将門塚から、再びそろりと遠ざかったのである。

もうひとつの変化は、皇居が深い森に包み込まれたことだ。空から見ると、超高層ビルが立ち並ぶ都心に浮かぶ、「緑の孤島」であるかのように感じる。

皇居には、吹上御苑の森、紅葉山の森、二の丸雑木林など、多くの森がある。

姉崎一馬・今森光彦・叶内拓哉ほか著『皇居の森』に、元皇太后宮職御用掛で、元昭和天皇侍従でもあった田中直の談話が掲載されている。

吹上御苑には、かつての武蔵野の森の姿がそのままの形で残されている。

「昭和天皇はあるがままの自然の姿を愛されておりました。こうしたご意向を受けて、今でも吹上の森はほとんど人の手が入っていない、自然のままの姿に護られています」

また、武蔵野の面影を残した二の丸雑木林、別名「昭和の森」は昭和天皇の意向で誕生したという。

「昭和天皇は大正十二年の関東大震災をご経験なさっております。摂政になられて二年目のことでした。その時に被災の現場をご覧になって、その悲惨さを身をもって実感されていたのです。

武蔵野の森を残したいとお考えになられたのは、実はこの関東大震災のご記憶によるところが大きかった。東京の町から空き地や雑木林が年々失われていく様をお嘆きになり、もし、再び関東大震災のような災害が起こったら、このままでは市民が避難する場所さえなくなってしまう、とお考えになられた。ならば、ここに避難場所を確保しよう……それが、二の丸の雑木林をお作りになった昭和天皇のご意向だったのです。

避難場所にするためには、ただ広場だけを用意するのではいけない。舗装したり、芝を植えただけの広場だと、夏なんか暑くていられない。だから森を作れ――そこまで考えておられた。

しかもその森の中に、一般の市民が歩けるような小道を通せ、舗装はするな、という仰せでした。そうすれば、普段は市民の憩いの場となり、非常時には避難できる場所になる」

古来、皇居（江戸城）では、悪神を近づけないために、鬼門の守りを堅めることを習いとしてきた。しかし、昭和天皇は、長い鬼門史のなかで初めて「禁忌（タブー）」を超えて、皇居の鬼門（北東）に位置する二の丸雑木林を、市民を迎え入れる避難場所とされたのである。

昭和四十年代（一九六五―七四）に起こったとされる、秘められたエピソードを知り得たからには、皇居を包み込む森を、深甚の敬意を込めて、「聖なる森」と呼びたいと思う。

これにより、明治から平成にかけて、天皇の居場所が少しずつ西に移動した事実についても、新たな視点から見直さなければならない。

御所が西に移動すると、確かに将門塚からは遠ざかる。ただし、それと同時に、江戸城時代の中心部を形成していた本丸、二の丸、三の丸に、新たな「空白地」が生まれる。この空白地の多くが、結果として「聖なる森」の適地となり、そこに青々とした樹々が育っていた。

つまりは、「聖なる森」こそが、千年の時を超えて続く「鬼門の物語」が結実させた、記念碑のような空間だったのである。

そして、「聖なる森」の誕生に誘発されて、眠っていた「鬼門の主役たち」がそろりと動き出した。

第二部に移らなければならない。

第三章　鬼門と明治維新

富士山、東京都庁舎、筑波山

第二部　丹下健三の「不思議な回り道」

富士山頂から、東京都庁舎（新宿）や西郷隆盛像（上野公園）を経て、ついには皇居の「聖なる森」に至る、「不思議な回り道」がある。

道筋を描いたのは、建築家の丹下健三である。同氏は戦前、皇居を出発して富士山麓の神域に至ろうとする「忠霊神域計画」により、新進建築家として鮮烈なデビューを果たした。新しい「回り道」は、「忠霊神域計画」の起点と終点を、そのまま反転させたような構図になっている。

昭和天皇が誕生させた「聖なる森」に誘発されて、「鬼門の主役たち」が動き出し、「不思議な回り道」を創出したのである。

第一部において、すでに、東京スカイツリーと東京タワーの「隠された正体」を、漠然とではあれ、気づかれた読者がおられるかもしれない。第二部でも、「隠された正体」を探るための手がかりが、やはり暗示的に示される。

第四章　世界の「タンゲ」一代記

江戸の街並みは、裏鬼門にそびえる富士山と、鬼門に位置する筑波山を手がかりにして、形づくられていた。

江戸が東京に変わった後でも、富士山の存在を強く意識していた建築家がいる。二十世紀後半を代表する建築家、丹下健三である。同氏は、東京大学教授という権威を背景に本流を歩み続け、世界の建築界をリードすると同時に、都市計画家として首都の街づくりに大きな影響を与えた。パッと見には、鬼門という概念に最も縁遠いと思われるのだが、案外にも、伝統的な価値観に親近感を抱き、深く吸い寄せられていく傾向がないわけでもなかった。

第二部では、丹下が期せずして関わった、富士山、平将門、太田道灌、徳川家康、西郷隆盛を主役とする、時空を超えた「鬼門の物語」について綴る。

まず、同氏のプロフィルを、年表形式にまとめておこう。

【丹下健三のプロフィル】

大正二年（一九一三）　大阪府生まれ。中学まで愛媛県今治市で過ごす。

昭和五年（一九三〇）　広島高等学校に入学。

昭和十三年（一九三八）　東京帝国大学建築学科を卒業。

昭和二十一年（一九四六）　東京帝国大学建築学科の助教授に就任。

昭和三十六年（一九六一）　丹下健三＋都市・建築設計研究所を設立。設計の協同体制を整える。

昭和三十八年（一九六三）　東京大学都市工学科の教授に就任。

昭和四十九年（一九七四）　停年で東京大学を退職。

丹下健三・都市・建築設計研究所を設立、代表取締役。

平成十七年（二〇〇五）　死去。享年九十一歳。従三位。


プロフィルに示すように、同氏は初め東京大学の建築学科で教鞭をとり、後に都市工学科に移った。また、大学に在籍しながら建築家として設計活動を続ける、いわゆる「プロフェッサー・アーキテクト」のひとりでもあった。

その活動拠点になったのが、「丹下健三＋都市・建築設計研究所」である。ここで、浅田孝、大谷幸夫、神谷宏治、槇文彦、磯崎新、黒川紀章、曽根幸一、山本浩三、谷口吉生、木島安史、高宮真介、川村純一、古市徹雄など、優秀な建築家の「タマゴ」が腕を磨き、やがて巣立っていった。丹下は東京大学を停年退職した後には、「丹下健三・都市・建築設計研究所」の代表として、設計活動に専念した。

生涯の作品数は、規模において建築単体から都市計画レベルまでを含め、さらに実現案から非実現案までを含むと、国内で約二百五十点、海外で約百五十点、合わせて約四百点、という途方もない数になる。また、完成したものは国内で約百七十点、海外で約八十点と推測される。

このうち、「東京の鬼門」に深く関わる作品は、同氏のデビューを飾った「大東亜《だいとうあ》建設忠霊《ちゆうれい》神域計画」、および実質的にフィナーレを飾った「東京都新宿庁舎」である。つまり、奇妙なことに、最初の作品と最後の作品になっている。丹下の設計活動は大きく五つの時期に分けることができるのだが、最初と最後を知るためには、どうしても活動全体を振り返っておく必要がある。

以下、丹下健三と建築史家の藤森照信が十年以上の時間をかけてまとめ上げた大著、『丹下健三』を主要な資料として、同氏の足跡をたどることにしよう。

大東亜コンペでデビュー

まず、「戦時下のデビュー」である。昭和十三年（一九三八）に大学を卒業すると同時に、丹下は前川國男建築設計事務所に入る。ル・コルビュジエに心酔していた丹下は、やはりコルビュジエ派といわれた前川の下で、建築家としての第一歩を踏み出した。しかし、当時、日本は中国に侵出し戦時体制に入っていて、国内にはろくな仕事がなく、事務所の経営は楽ではなかった。このため、丹下は三年間勤めただけで前川事務所を退社。昭和十六年（一九四一）四月、東京大学に戻って大学院に進学し、高山英華研究室に属した。父の丹下辰世《たつよ》は、住友銀行を経て、当時、今治商業銀行の重役であり、経済的には進学を支えるゆとりがあった。

丹下は昭和十六、十七、十八、十九、二十年と、太平洋戦争にそのまま重なる大学院時代を過ごすことになる。そして、昭和十七年（一九四二）、日本建築学会が主催した「大東亜建設記念営造計画設計競技」（大東亜コンペ）で一等に選ばれて、建築界の注目を浴びた。審査員は、岸田日出刀《ひでと》、前川國男、谷口吉郎、山田守、佐藤武夫、土浦亀城、山脇巌、蔵田周忠、今井兼次、吉田鉄郎、星野昌一、村野藤吾、内閣情報局第五部長であった。

審査をリードした前川は、丹下案「大東亜建設忠霊神域計画」を激賞した。

「一等当選の栄冠を担われた丹下健三君の、富士山麓における神域計画は、その企画、設計、意匠、製図表現の全体にわたって見事なる一貫性によって貫かれ、ことにその思索の深き点において断然群を圧し、一等当選せられたることは若き建築日本の健在を示すものとして欣快《きんかい》にたえない所である。

ともかくも、作者が世界史的国民造形の困難なる問題に正面からぶつかり、大東亜造形文化の飛躍的高揚という今回の競技設計の副題に対し、その本道の一班を見事に回答されたことは絶賛に値するものといわなければならないと同時に、その対象が神社建築にとられたために、今日、日本建築の造形的創造一般のはらむ普遍的な問題の核心もまた、相当見事に外《そ》らされていることも我々は認めざるを得ない。よく申せば作者は賢明であった。悪く申せば作者は老獪《ろうかい》であった。いずれにせよこの作は金的の狙い打ちであったと申してよいと思う」（現代仮名遣いに変更）

モダニズムの先駆者であった前川は、自らの思考と予想の範囲を超えていた丹下案を、「金的を狙い打ちした」と絶賛したのである。誠にあざやかなデビューであった。なお、丹下案「大東亜建設忠霊神域計画」については、後に詳しく説明する。

翌十八年（一九四三）、「在盤谷《バンコック》日本文化会館設計競技」で再び丹下案は一等に入賞した。これは、当時、日本と軍事同盟を結んでいたタイの首都バンコックに、日本文化会館を建設するため行われた設計コンペであった。審査員は、建築界から伊東忠太、内田祥三、大熊喜邦、岸田日出刀、小林政一、佐藤武夫、平山嵩など九名、美術界ほかから安田靫彦、横山大観など七名だった。

一等は丹下健三案、二等は前川國男案。これにより、丹下は師である前川を超えたことになる。審査員の佐藤武夫は、『新建築』昭和十九年一月号でこう評した。

「一等当選案の丹下健三君は一昨年の建築学会の設計競技で一等に入選し、一躍斯界《しかい》に認められた俊英で、今度も見事首位を獲得してその実力を確固不動のものたらしめた。全体計画として寝殿造りの型を選んだところに卓越した思想を示し、細部はむしろ上代の日本建築にモチーフをとっている。全体として極めて気品の高さを示した優秀な作品と言える」

丹下は再びあざやかに勝利し、その名を高めた。ただし、戦局の悪化により、バンコックに日本文化会館が建設されることはなかった。

広島ピースセンターで実作活動へ

続く時期は、戦後の、「広島からのスタート」である。

昭和二十年（一九四五）八月十五日、日本は太平洋戦争（大東亜戦争）に敗れた。翌二十一年（一九四六）には、焼け野原となった都市を復興するため、全国各地で都市計画がつくられた。同年八月に、東京大学建築学科で都市計画講座の助教授になった丹下は、都市計画づくりに積極的に乗り出していった。主なもので、広島市復興都市計画、銀座地区復興都市計画、新宿地区復興都市計画、本郷文教地区計画、福島地区都市計画などがある。いわば、全国各地をはいずり回るように歩いたことになる。

そして、敗戦から三年後。丹下が高等学校時代を過ごし、復興都市計画を手がけた広島で、戦後最初の設計のチャンスが巡ってきた。昭和二十三年（一九四八）、朝日新聞紙上に発表された「広島平和記念カトリック聖堂建築設計競技」である。

これは、戦争中に広島のカトリック教会にとどまって被爆したフーゴ・ラッサール神父が、平和を祈るために記念聖堂の建設を決意。ローマ法王ピオ十二世の支持を取り付けて実施する、戦後建築史の幕開きを告げるコンペであった。審査員は、建築界から堀口捨己、吉田鉄郎、村野藤吾、今井兼次。教会側がフーゴ・ラッサール、グロッパ・イグナチオ（イエズス会建築家）、荻原晃（カトリック広島教区長）、さらに後援の朝日新聞社から一名という構成である。

日本の主な設計事務所がほとんど参加し、百七十七案もが寄せられたコンペには、意外な結末が待っていた。一等当選はなし。二等が丹下健三案と井上一典案、三等が前川國男案と菊竹清訓案ほか二案という結果だった。審査に際し、丹下案を一等にするかどうかで教会側と建築家側の対立があり、建築家側でも四人の意見が分裂し、収拾がつかなかったと伝えられる。

教会側審査員の統一見解を聞こう。

「二等当選の丹下氏の案はまさしく秀れた創造的建築技術的な作品である。けれども海外の同類の聖堂建築が、全世界のカトリック方面からの強い反感と拒否にあったので、この提案を広島記念聖堂として実施することは不可能と思う」

同じ傾向でつくられた海外の聖堂、すなわちオスカー・ニーマイヤーの聖フランシス教会（ブラジル）が不評だったので、一等にできないという判断である。

これに対し、建築家側の審査員のうち、堀口捨己は丹下案を推し、吉田鉄郎は前川案を第一、丹下案を第二とし、今井兼次は逆に前川案と丹下案を批判し、村野藤吾は野生《のう》司《す》義章案を推していた。まったくバラバラで、一等を決められる状態ではなかった。

そして、広島聖堂コンペで後味の悪さを残したのは、コンペ終了後しばらくして、審査員の村野藤吾が特命で設計者に決まったことだった。しかも、今井兼次がその協力者になった。

このように、昭和二十三年（一九四八）には泣いた丹下健三であるが、翌二十四年（一九四九）には大いに笑うことになる。「広島市平和記念公園および記念館競技設計」、今日でいう「広島ピースセンター」のコンペである。

同年五月十一日、国会で広島平和記念都市建設法が可決され、それを待ち受けてコンペ開催の発表があった。求められるのは、平和記念公園の公園設計および平和記念館の建築設計である。公園の範囲には原爆ドーム（旧、広島県物産陳列館）とその周辺が含まれ、平和記念館は大小の会議室、原子爆弾災害資料の陳列室、平和の鐘を吊る塔、図書館、食堂、事務室からなる。今回のコンペは、国の記念的コンペとしての性格を持ち、「ヒロシマ」「核の時代」が建築のテーマとして問われた。

審査員は建築界から岸田日出刀と建設省建築局長の伊東五郎。ほかに公園関係二名、都市計画一名、地元から四名の、計九名だった。岸田日出刀は東大教授で、前川國男および丹下健三はその門下生である。

応募した百三十二作品は、まず十六作品に絞られた。そして、一回目のひとり三票（三作品）の投票では、山下寿郎案が五票で一位、丹下健三案が二票で五位だった。続いて、上位八作品を対象とした二回目の投票がひとり一票（一作品）で行われ、丹下案四票、山下案など五案が一票だった。危うい逆転である。

丹下案は、百メートル道路を横軸（東西軸）とし、縦軸（南北軸）を原爆ドームに向けて引く構成だった。百メートル道路から平和公園に入ると、縦軸に沿って、「記念館、広場、慰霊碑、原爆ドーム」という四つの基本的な施設が配置されている。記念館は、本館、原爆記念陳列館、公会堂からなる三棟一体の建物で、広場へのゲートとして横軸に平行して配置される。そして、ゲートであるゆえに、中央の陳列館の一階はピロティによって持ち上げられた。

これに対して、二位になった山下寿郎案は、原爆ドームを望むことはおろか、百メートル道路も特別に意識せず、公園の中に周囲と切り離して施設を配している。山下案に参加した池田武邦は回想する。

「公園の森のなかを通る散策路を描くのが担当で、なかなかいいパターンが見つからず苦労しました。丹下さんの案を見たときのショックは今でも忘れられません。建物だけじゃなくて、原爆ドームはじめすべてを都市全体のなかで考えようとしている。散策路なんかにこだわっていた自分が恥ずかしくなりました。このショックのおかげで、以後、建築のことに何であれ取り組むときは、根本から考えるようになりました。私にとって決定的な体験でした」

コンペ参加者で最年少だった菊竹清訓も同様の感想を述べる。

「まったく想像を超えたものでした。まさかゲートのようなものだとはね。ただ、ゲートのようにすることで、奥に広がる公園を全部生かせるわけです。前と後ろを連続させながら、視線はそこへ集中する。一方、私の案は、敷地の真ん中においたから、まったく敷地の使い道がなくなった。単体の建築になってしまって、これは本当に反省させられました」

丹下案は、審査経過を見る限りでは危うい入選であったが、実際には参加者の多くを驚嘆させる格別の出来映えであった。いずれにしても、丹下は初めて現実に建設される建物を手に入れることができた。三十六歳でのコンペ当選という少し遅いスタートであったが、この一作で同氏は世界の建築界に知られることになる。

コンペから六年後の昭和三十年（一九五五）、施設全体が完成した。

蝉時雨《せみしぐれ》が降る夏の盛り。広島市上空で原子爆弾が爆発した時間に合わせ、毎年、この「広島ピースセンター」で慰霊祭が開催される。

東京オリンピックプールで世界的名声

「戦時下のデビュー」「広島からのスタート」というプロセスを経て、丹下は、ついに実作を通じて「国内を制覇」する飛躍の時期を迎える。

同氏の作品年譜を調べると、「広島ピースセンター」コンペを制した翌年、すなわち昭和二十五年（一九五〇）から、実際に建設される作品の数が一気に増加する。仕事は設計コンペで勝ち取るだけではなく、特命で直接依頼されるケースも増えていった。そして、作品群のハイライトになったのは、昭和三十九年（一九六四）に開催された東京オリンピックのための施設、国立屋内総合競技場であった。

大著『丹下健三』によると、この時期の作品は、「柱梁《はしらはり》の系譜」「大空間の系譜」「壁との格闘」「彫刻的表現」「東京オリンピックプール」「東京計画一九六〇」に分けられる。

「柱梁の系譜」とは、鉄筋コンクリートの柱梁構造により、緊張感のあるデザインを追求した建物群である。広島ピースセンター本館に始まり、旧東京都庁舎（解体）、清水市庁舎（解体）、津田塾大学図書館、倉吉市庁舎を経て、香川県庁舎でピークを極める。このうち、旧東京都庁舎（丸の内庁舎）は、昭和二十七年（一九五二）の指名コンペで、丹下が勝ち取ったもの。

次の「大空間の系譜」は、シェル（曲面構造）、鉄骨トラス構造、吊り構造などによって、スパンの大きい空間を追求した建物群である。これは、広島平和記念カトリック聖堂コンペ案に始まり、広島市児童図書館（解体）、愛媛県民館（解体）、図書印刷原町工場、駿府会館（解体）へと至る。

柱梁と大空間の二つの系譜が併走した時期は、設計時点に着目すると昭和三十年（一九五五）に終わる。

そして、翌三十一年（一九五六）から「壁との格闘」に移行。鉄筋コンクリートの重厚な壁で、建物を包み込む表現をメーンテーマとした。この系譜は、旧草月会館（解体）と墨会館に始まり、今治市庁舎・公会堂、電通大阪支社（解体）、倉敷市庁舎を経て、今治商業銀行、立教大学図書館、高松一の宮住宅団地（解体）へと続く。しかし、壁と格闘する造形の系譜は、昭和三十四年（一九五九）でピタリと終わる。

さらに、作風は昭和三十五年（一九六〇）の設計から再び変わり、「彫刻的表現」の時期に移行。昭和三十七年設計までの三年間に八作品が生まれている。WHO本部コンペ案（落選）、埼玉労働金庫（解体）、日南市文化センター、戸塚カントリークラブ・クラブハウス（解体）、国立屋内総合競技場、香川県立体育館、東京カテドラル聖マリア大聖堂、戦没学徒記念館である。いずれも、「柱梁の系譜」、「壁の系譜」、「大空間の系譜」とは一致せず、彫刻的であることを至上テーマにした建物群である。そして、そのハイライトとなった作品が、東京オリンピックの会場となった国立屋内総合競技場（現、国立代々木競技場）、分かりやすくいえば「東京オリンピックプール」である。

この施設は、競泳プールのある主体育館（現、第一体育館）と、バレーやバスケットのための付属体育館（現、第二体育館）の二棟で構成。主体育館は、長軸（東西軸）方向に配置された二本の主柱の間に、「二本のメーンケーブル」を吊り、さらにそのメーンケーブルとスタンド外周壁との間に、短軸（南北軸）方向に「多数のサブケーブル群」を吊るという、二重の吊り構造になっている。二本の主柱のスパン（間隔）は百二十六メートル、スタンド外周壁同士のスパンは百二十メートル、主柱の高さは四十メートルという大スケールだ。一方、付属体育館は一本の柱頂部から吊っている。

昭和三十九年（一九六四）十月。秋晴れのなかで開かれた東京オリンピック大会において、国立屋内総合競技場の評判は素晴らしかった。オリンピック終了後、ＩＯＣは東京都、日本オリンピック組織委員会、丹下健三の三者を特別功労者として表彰した。それ以降、建築家「タンゲ」の名前は広く世界に知れ渡る。

「国内制覇」の最後に掲げた「東京計画一九六〇」は、東京湾に壮大な海上都市を建設しようという構想。最初の発表は、昭和三十六年（一九六一）のNHKテレビの一時間番組で放送され、丹下は建築界ではなく、まず社会に向けて直接働きかけた。壁面に貼られた大きな模型写真を指し示しながら、同氏が語る東京改造計画は、多くの視聴者に強い印象を与えた。

都市と海外への転身

建築の設計においては国立屋内総合競技場（東京オリンピックプール）、都市デザインにおいては東京計画一九六〇によって、丹下は世界を代表する建築家になった。

しかし、世界の「タンゲ」にふさわしい仕事は、国内ではなぜか激減する。そのため、昭和四十年（一九六五）から五十九年（一九八四）までの二十年間、同氏は「都市と海外」へ転身した。年齢でいうと、脂が乗りきった五十二歳から円熟を感じさせる七十一歳までの期間である。

『丹下健三』は、この時期の活動を、「都市デザインへの転身」「大阪万博」「日本から海外の建築へ」「海外での都市デザイン」に分ける。

まず、「都市デザインへの転身」のきっかけとなった作品は、昭和四十年（一九六五）に実施され丹下案が一等に当選した、国連主催による国際指名コンペ「マケドニア・スコピエ都心部再建計画」である。その後、昭和四十五年（一九七〇）までに、海外で六件、国内で六件の都市デザインを手がけ、そのうちスコピエ、ネパールの二件が実施に移された。

そして、昭和四十五年に開催された「大阪万博」に際して、丹下は総合プロデューサーとして会場計画を担当。ほかに、中心施設となる「お祭り広場」の設計も手がけて、立体トラスによる大屋根を実現させた。また、岡本太郎に依頼して、大屋根の上にまで突き出すモニュメント、「太陽の塔」をつくらせた。

大阪万博に関わった建築家は高山英華、西山夘三、前川國男（自動車館）、坂倉準三（電力館）、清家清（虹の塔）、大谷幸夫（住友童話館）、神谷宏治（お祭り広場大屋根）、大高正人（中央口）、沖種郎（ダイダラ・エキスポ・スナック）、菊竹清訓（エキスポタワー）、磯崎新（お祭り広場諸装置）、黒川紀章（東芝IHI館、タカラビューティリオン、空中テーマ館）など。東京オリンピックに続いて、大阪万博は国民的な大成功を収め、社会的な大事件として記憶に刻まれた。

しかし、大阪万博が幕を閉じた後には、昭和四十六年（一九七一）から五十九年（一九八四）までの十四年間で、国内で完成した建築はハナエ・モリビル、赤坂プリンスホテル（平成二十三年に閉館し、解体される予定）などわずか十一件だった。

その間、丹下はどこへ向かったのか。まず「日本から海外の建築へ」である。サウジアラビア、クウェート、アルジェリア、イラン、シリア、カタール、バーレーン、ヨルダン、ナイジェリア、ネパール、シンガポール、マレーシア、インドネシアで三十八件の設計を手がけ、そのうち二十一件が実現している。

次に、「海外での都市デザイン」である。アメリカ、ヨーロッパ、中近東、アフリカ、アジアで二十七件の都市デザインと地域計画を手がけている。まさに精力的かつ圧倒的な仕事量である。

丹下が海外に注力している間に、日本の建築界では、菊竹清訓、槇文彦、磯崎新、黒川紀章、原広司、谷口吉生といった丹下の弟子世代が興隆した。そして、さらにその次の世代、安藤忠雄、伊東豊雄、石山修武、山本理顕、高松伸、北川原温、渡辺豊和、重村力などが台頭した。

東京都新庁舎コンペで国内復帰

昭和六十年（一九八五）、丹下は舵を切り替えて、再び日本の建築に目を向けた。七十二歳という年齢での、「国内への復帰」である。

東京都が、丸の内の旧庁舎を捨て、新宿の超高層ビル街に新庁舎の建設を決めたことにともなう復帰であった。なお、東京都旧庁舎（丸の内庁舎）は、昭和二十七年（一九五二）の指名コンペにより、三十九歳の丹下が勝ち取った、いわば思い出の詰まった作品でもある。

昭和六十年（一九八五）十一月。東京都新庁舎指名コンペの開催が発表された。締切は翌六十一年（一九八六）二月。指名されたのは、前川國男、丹下健三、磯崎新、坂倉建築研究所、日本設計、安井建築設計事務所、日建設計、山下設計、松田平田坂本設計事務所の九者だった。候補としてはほかに槇文彦、黒川紀章の名前が挙げられたが、槇は東大教授であるため除外され、磯崎または黒川のいずれかという議論の結果、黒川が外された。

審査員は、建築家として芦原義信、雨宮亮平、沖種郎、菊竹清訓、竹山実、穂積信夫の六名、建築評論家から伊藤鄭爾《ていじ》、近江栄の二名、東京都営繕本部の長谷川大、元文化庁長官の安達健二（委員長）、という計十名。

選考は全委員による合同審査が七回、委員個人の審査が延べ十二回行われ、欠点の多い案を外す減点法で進められた。

最初の段階で、前川案、安井案、松田平田坂本案が、機能および外観ともにふさわしくないとの理由で落とされた。次に、日本設計案と日建設計案が、五号地を広場として空ける構想が不適当として外された。また、磯崎案は、建築法規に適合しない「超法規案」であり、議論の対象にはなるが当選させるわけにいかない、という結論になった。さらに、坂倉案は議事堂のデザインがまとまりに欠けるとして消去された。

残るのは丹下案と山下案となり、この二者を対象に投票が行われた。結果は、丹下案四票、山下案三票、白票二票。どちらも過半数（六票）にいたらなかった。やむを得ず、委員長が丹下案に票を投じて丹下案五票、山下案三票とした。それを見た白票の二人も、大勢に従うかのように丹下案支持を表明。ようやく丹下案の採用が決まった。

近江栄の解説を聞こう。

「他案と比較して、丹下案は極めて密度が高く、この提案にかけられた情熱と思い入れは、確実に他案を圧倒していた」

それにもかかわらず、丹下案が過半数の支持を得られなかった理由である。

「他案と比べてとくにきわだつ過剰な装飾性に対して評価が賛否相半ばし、当世流のポストモダンともいえる世界にあえて踏み込んだ丹下の姿勢に対して、危惧する審査員が過半数を占めた」

新都庁舎がコンペの模型通りの壮麗な姿を現したのは、五年後の平成三年（一九九一）三月。このとき丹下は七十七歳になっていた。

その後、丹下は新宿パークタワー、フジテレビ本社ビル、東京ドームホテルなどの建物を完成させた。しかし、東京都庁舎（新宿庁舎）を超える作品は現れなかった。

建築史家の藤森照信は『丹下健三』の末尾近くで、丹下の建築デザインをこう総括する。

「一に、軸線を強調しながら、しかしその先に大きなカタマリを置かず、場の記念碑性を演出したこと。二に、配置計画において、日本の古社寺に学んだ分散配置を巧みに生かしたこと。三に、モダニズムのなかに、日本の伝統の柱梁の秩序と美を取り込んだこと。こうし

東京都庁舎（東京都新宿庁舎）

たいくつかのデザイン上の日本的特徴の背景には、ひとつの共通した論理が隠されているように思えてならない。

伊勢神宮的・コルビュジエ的な質と、桂離宮的・グロピウス的・ミース的な質のふたつがあるとするなら、丹下の意識としては建築家を目指した最初から前者に傾いていたけれど、しかし、実現した作品においては、とりわけ傑作と呼ばれるものにおいては、両者のピンと張ったバランスのうえに丹下ならではのデザインが展開されている。両者のバランスが取れたときに傑作が生まれた、といったほうが正確かもしれない」

第五章　富士山に魅せられた建築家

丹下健三の代表作を国内から五点だけ選ぶなら、デビュー作の「大東亜建設忠霊神域計画」、初の実作となった「広島ピースセンター」、世界のタンゲの名声を広めた東京オリンピックの「国立屋内総合競技場（現、国立代々木競技場）」、大阪万博の中心施設となった「お祭り広場」、実質的なフィナーレを飾った「東京都新庁舎」であろうか。

本書のテーマは「東京の鬼門」である。よって、東京に関係がある大東亜建設忠霊神域計画、国立代々木競技場、東京都新庁舎だけを残す。

これら三作品に共通するのは、富士山に向ける強い愛着であり、配置計画における富士山への軸線の強調である。再び、『丹下健三』を主要資料にして話を進める。

代々木公園に隣接して立つ国立代々木競技場が、東西方向の長軸と南北方向の短軸を持つことはすでに述べた。

「この配置にはもうひとつ、神谷宏治はじめ関係者は知りながら、ついに記録には残されなかった軸が隠されている。主競技場（第一体育館）の巴型の芯を通って、東西軸に直交する南北軸を引くと、北隣の明治神宮の森を走り抜けて、やがて本殿を貫く。航空写真の上で配置を考えているとき、丹下が気づいた軸線だという。また、東西の軸線のかなたに、夕陽だけでなく、もし富士山の姿があったなら丹下はもっと満足しただろう」

手元に東京都渋谷区の地図があるなら、自分の目で確認してほしい。第一体育館の中心から南北軸に沿って北に線を引くと、確かに赤い鳥居マークで示された本殿に達する。また、東西軸に沿って西に線を引くと、ほぼ富士山の方向に伸びていく。

丹下は富士山に愛着を持ち、かつ神社の存在を意識している。仮に、これに鬼門に対する配慮が加われば、江戸の設計スタイルそのものとなる。

大東亜コンペと皇居、富士山、霊魂

そもそも、丹下が建築界の注目を浴びるきっかけは、富士山との強い関わりにある。日本建築学会は昭和十七年（一九四二）に、「大東亜建設記念営造計画設計コンペ」（大東亜コンペ）を主催した。コンペの趣旨は、「大東亜共栄圏確立ノ雄渾《ゆうこん》ナル意図を表象スルニ足ル記念営造計画案ヲ求ム」というもの。

東亜は東アジアと中国を指し、大東亜は東南アジアとインドまでをも含む地域である。日本は、欧米列強の植民地になっているアジア諸国をその支配から解放し、日本を中心にしてアジアをひとつにまとめ、共《とも》に栄えようとする構想を抱いていた。それが大東亜共栄圏《だいとうあきょうえいけん》である。

コンペの目的は、大東亜共栄圏の確立を象徴するような計画案を求めることで、敷地も規模も施設内容も自由とされた。審査の結果、すでに述べたように、丹下案「大東亜建設忠霊神域計画」が一等に選ばれた。

計画内容を聞こう。

「大東亜共栄圏確立の雄渾なる意図を表象すべき営造計画をなすにあたって、我々は大東亜の指導国家としての日本の権威の中枢となるべき地域の計画を試みんとした。

既熟の都市文明の中にその賦形《ふけい》をなすのでなくして、わが国自然に深く根をはり、蜿蜒《えんえん》としてそのかたちをひろげる自然と営造との渾一《こんいつ》せる地域を作り出すことこそ、吾が営造の伝統した精神であり、亦《また》その指し向ふ道を行くことこそ日本の造形精神を発展せしめ国威を宣揚する道である。

我々はかかる意図のもとに、日本の最も栄光なる自然である富士の裾野をえらび、そこに大東亜建設忠霊神域を計画。東京と一時間（時速七十粁《キロ》）の距離にて結ぶ大東亜道路を建設し、それを主軸とする広大な地域に亘《わた》って大東亜政治の中枢となるべき都市建設に対して適当なる位置を与へ（東京の膨張を防がんとす）、又日本精神文化を発揚す可き諸々の営造をなし、その広範の中に日本の世界に於ける権威の中枢となるべき地域を作り出さんとした。而《しこう》して本案に於ては特に大東亜建設忠霊神域の計画に主力をそそいだ」

東京と富士山麓を道路と鉄道でつなぎ、首都機能を移し、大東亜共栄圏建設に殉じた忠霊を祀る神域を建設するという提案である。

交通の主軸となる「大東亜道路」は、皇居前からスタートして一気に南西に走り、大磯のあたりで大きくカーブし、そのまま真西に向かい、丹沢山系を貫いて富士山麓に至る。一方、「大東亜鉄道」は皇居の反対側の四谷あたりからスタートし、富士を目指して緩やかにカーブしながら大東亜道路と交差し、丹沢を過ぎ、富士山麓に達し、さらに沼津に南下する。

大東亜道路沿いには大小三つの機能が配置される。大磯の西側に「首都機能」、丹沢山系の東側に「文化機能」が置かれ、丹沢山系のトンネルを抜けた富士山麓が「神域」となる。神域には「護国神社」が新設され、天皇に忠を尽くし、戦場に散った戦死者たちの霊魂を招き寄せ、神として祀る。

皇居から富士に向かう国土的スケールの大東亜道路、大東亜鉄道という二本の「主軸」とは別に、神域の建築群のために、主軸と直交して小さな「副軸」が設定されていた。どの主軸をたどるにせよ、参拝者は主軸から副軸に移り、国民広場の入り口に集まり、副軸に沿って戦死者の御魂が祀られる本殿に向かう。

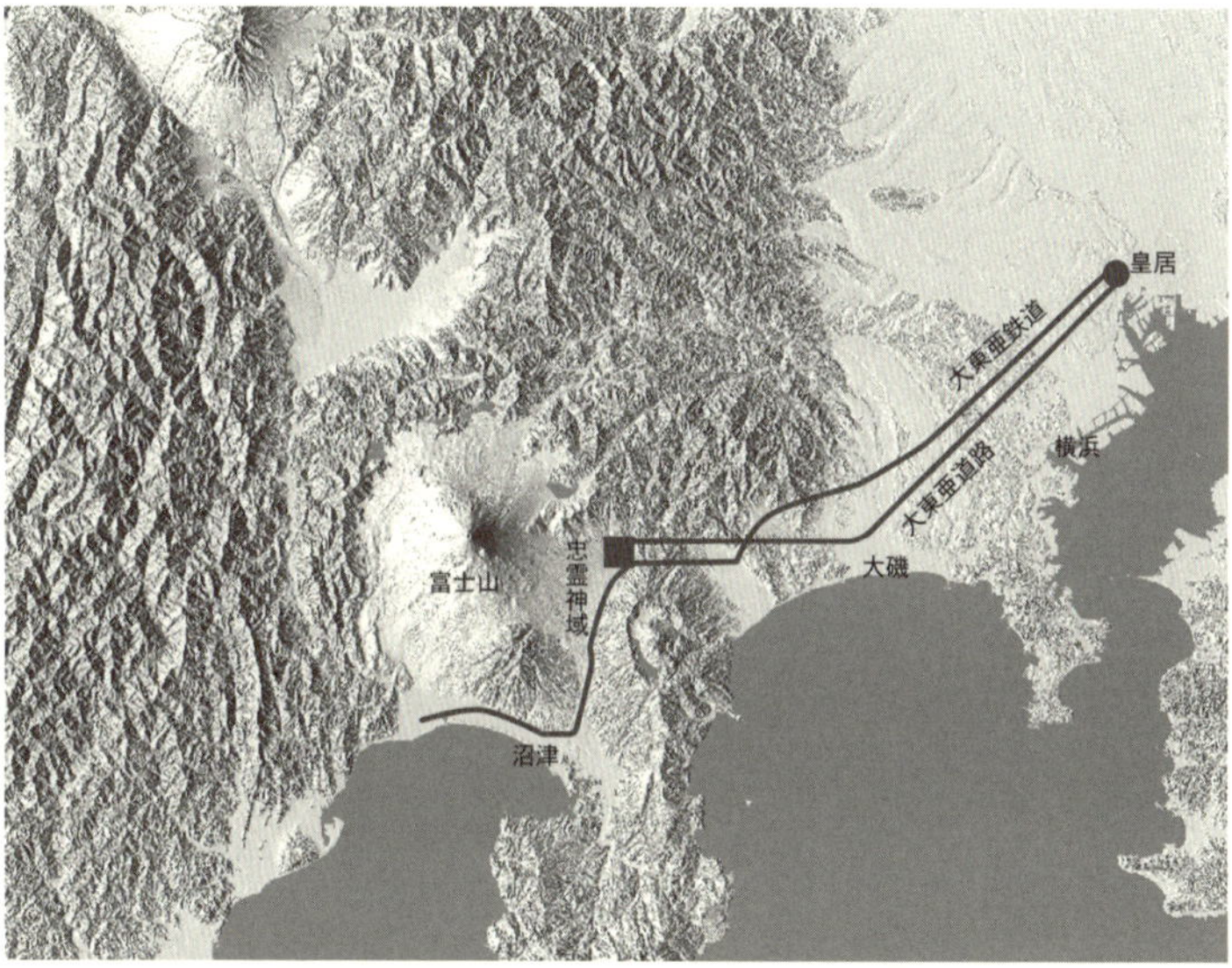

丹下健三の「富士山麓・忠霊神域計画」の概念図

神域の設計趣旨を聞こう。

「国土を離れ自然を失ってひたすら上昇する形、抽象的、人類的な支配意志の表象としての形、エジプトの文化に、中世のキリスト文化に、その形が作られ、それはついに英米の金権的世界支配の欲望にその形を与えた。

上昇する形、人を威圧する量塊、それは我々とかかわりがない。かかる西欧の所謂『記念性』をもたなかったことこそ、神国日本の大いなる栄光であり、おほらかなる精神であった。

我々は日本の営造の伝統した精神の指し示す道を行く。人を威圧せず何人をも招き入れる自然と営造との渾一が作りなす『雄渾《ゆうこん》』なる形こそ、我々が指し向かうべき世界的規模の『雄渾』であり『森厳《しんげん》』である」

設計図には日本画を思わせるような鳥観図が添えられていた。藤森照信は、「もし事情を知らない人がこの鳥観図を眺めたなら、横山大観の弟子筋あたりの描いた霊峰富士に見まごうかもしれない。図面から立ち上がるのは、建築の図面の世界とはほど遠い神韻《しんいん》とか森厳《しんげん》とかの気配」と補足する。

『丹下健三』で次のようなやり取りがある。

藤森「富士山の山麓という設定はどこからきたんでしょうか」

丹下「私は個人的に富士山が好きなんですよ。今でも、冬になると、私の家から富士山が見えるんです。今日は富士山が見えたというと、何か気持ちがいいですね」

皇居は日本の歴史と文化を象徴する天皇の座所であり、当時は政治の中心でもあった。一方、富士山は古来、霊峰としてあがめられ、歌に詠まれ絵に描かれ、これも歴史と文化の象徴であった。丹下案「大東亜建設忠霊神域計画」は二つの象徴を結びつけようとする、雄大な内容であった。そして、神域の護国神社に招き入れるのは、戦死者の霊魂である。

大東亜建設忠霊神域計画における、皇居、富士山、霊魂。江戸の鬼門対策における、江戸城、富士山、神と仏と御霊。戦時下という特殊な時代の作品だったとはいえ、紛れもなく、両者には強い親密性がある。

東京都新庁舎の配置計画

丹下健三のフィナーレとなる東京都新庁舎について、配置計画の軸および富士山との関係を見る。

敷地は新宿駅西口の超高層ビル街にある三つのブロックだ。新宿駅側の五号地（東ブロック）、新宿公園側の四号地（中央ブロック）、その南側の三号地（南ブロック）の計四万三千平方メートルの土地に、延べ三十四万平方メートルの建物が収まる。このうち、中央ブロックに頂部が双塔になった第一本庁舎（四十八階）、南ブロックに第二本庁舎（三十四階）が立ち、東ブロックには都議会議事堂（七階）が都民広場を半楕円形に囲むように立っている。第一本庁舎の形はパリのノートルダム大聖堂に似ている。

配置計画には二本の軸線がある。主軸は新宿駅から伸びる中央通りに沿った「東北東―西南西」軸であり、副軸はそれと直交する「北北西―南南東」軸である。主軸は都議会議事堂→都民広場→第一本庁舎→新宿公園を貫いて、ほぼ富士山の方角に伸びていく。一方、副軸は第一本庁舎および第二本庁舎という二棟の超高層を貫く。

西口の超高層ビル街はかつて、淀橋浄水場の用地であり、浄水場同士を隔てる太い土手（通路）は、おおむね富士山に向いていた。その構成が、超高層ビル街の街区配置に反映され、結果として新庁舎の主軸もほぼ富士山の方角に向いたわけだが、これも丹下と富士山とのひとつの因縁なのかもしれない。

新庁舎が完成した当時、筆者は建築専門誌『日経アーキテクチュア』の編集長として、丹下健三にインタビューした。（一九九一年四月二十九日号）

問「新都庁舎は、どこから眺めるのが、一番だと思われますか」

答「どこから見ていただいてもよい、という気もします。やはり、広場に立つと三つの棟を見ることができますから、それが代表的な景色ということになるでしょうか」

問「設計の方向付けは、どのように決められたのですか」

答「まず、行政棟はどうしても二つのブロックに分けざるを得ないだろう。それに議事堂棟と広場がある。それらをどう配置するかというのは、かなり難しい問題でした。新宿新都心で、きれいに碁盤の目状に区画されているのは3×3の9ブロックなんですね。そこで、その九つの真ん中に当たるブロックに広場を置こうと、まず思ったわけです」

問「直感みたいなものですか」

答「ええ、やはり広場は都庁と都民との交流が行われる最も重要なところですから、どうしてもその中心だと思ったのです。その正面に一番背の高い第一本庁舎を置いて、その隣に第二本庁舎を置く。そして広場を囲むような形で議事堂棟をつくる。そういうことを決めていた時期が、設計のプロセスの中でひとつの大きな山場でした」

問「ファサードについては、どのように意識されましたか」

答「配置を決めるという問題が先にあって、その次の勝負どころがファサードだろう、という感じでした。そのときは、スタッフみんなで外国の歴史の本を広げたり、日本の古建築の写真集を広げたりして、ヒントになるようなものを探したわけです。ヨーロッパの建築ですと、まず壁があって、そこに穴を開けると窓になるというふうに出来ていますが、それと比較しますと日本では、床があって、柱があって、梁があってというフレームで出来ているんですね。つまり、縦横のラインで構成されているわけです」

問「そうした日本建築のファサードを基本にされたわけですね」

答「ええ。過去の建築の開口部を見ると、いろんなパターンが出てくるんですね。それをファサードに組み合わせていけば何かできそうな気がしたんです。それは一方で見方を変えると、集積回路（ＩＣ）のパターンに似て見えたりもする。それからは、ＩＣのパターンになぞらえてやってみよう、というふうに考えていった。そう言った方がよいと思います。とにかくいろいろ考えてみたんです。ただ、江戸時代のファサードの単なる焼き直しだけにはしたくない、とは思っていました」

インタビューは約一時間行われたのだが、今振り返ってみると、大事なことを聞き忘れている。

問「新都庁舎では富士山をどのように意識されましたか」

丹下はどう答えたのだろう。

東京都庁舎の歴史

丹下健三が期せずして関わった「鬼門の物語」において、分析の対象に取り上げる作品は、東京都新宿庁舎、その前身となる東京都丸の内庁舎、さらに幻の「東京都将門塚庁舎」である。まず、都庁舎の歴史を振り返る。

【東京都庁舎の主な歴史】

明治二十七年（一八九四）　東京・丸の内にレンガ造の「東京府新庁舎」が完成。

昭和二十年（一九四五）前後　「東京都将門塚庁舎」構想。

昭和二十七年（一九五二）「東京都丸の内庁舎」の指名設計コンペが実施され、丹下健三案が一等に入選した。敷地は赤レンガ庁舎の跡地で、有楽町駅の北側。現在、東京国際フォーラムなどが立つ一帯である。

昭和三十二年（一九五七）「東京都丸の内庁舎」が完成。

昭和六十一年（一九八六）「東京都新宿庁舎」の指名設計コンペが実施され、丹下健三案が一等に入選した。敷地は淀橋浄水場の跡地である。

平成二年（一九九〇）「東京都新宿庁舎」が完成。

明治期に完成した東京府新庁舎の設計を担当したのは、日本橋や横浜の赤レンガ倉庫などを手がけた妻木《つまき》頼黄《よりなか》。赤レンガ二階建て、ドイツ風様式の庁舎であった。敷地は、江戸期には、土佐高知藩山内家および阿波徳島藩蜂須賀《はちすか》家の上屋敷。明治になって、陸軍練兵場および東京憲兵本部に変わった。

赤レンガの東京府庁舎は、関東大震災では倒壊を免れ、昭和十八年（一九四三）には東京都庁舎と名前を改めた。しかし、第二次大戦中に空襲で破損し、昭和二十三年（一九四八）に解体された。

ところで、年表に示すように、明治以降、東京都庁舎は都合三回、建設されている。そのうち、丹下が二回も設計している。

東京都丸の内庁舎のコンペで勝利したのは、丹下が「柱梁の系譜」を追求していた三十九歳のとき。地上八階建て、横長の建物で、開放的なピロティと美しい立面を持つ、モダニズム建築の傑作であった。

軸線はどうか。建物の主軸はほぼ南北方向に走り、軸を北に伸ばすと、上野公園に立つ西郷隆盛像のあたりに達する。一方、副軸はほぼ東西方向に走り、軸を西に伸ばすと皇居の二重橋を経て、東京都新宿庁舎に向かう。西郷像も皇居も、東京の鬼門に関わる重要な地点である。

この丸の内庁舎は、新宿庁舎の建設とともに、惜しくも解体されてしまった。

大蔵省庁舎と将門塚

丹下健三と「鬼門の物語」は、まず、幻の「東京都将門塚庁舎」構想からスタートする。かなり込み入った、スピリチュアル（霊的）な内容になる。

将門塚は、平安期に武蔵国豊島郡芝崎につくられ、江戸期には大手前に屋敷を構えた有力な大名邸の庭園内に保持され、明治以降は千代田区大手町一丁目の大蔵省構内に残された。その大蔵省が大手町から霞ヶ関に移った後、跡地を東京都庁舎の用地に転用する話が持ち上がった。

仮に、東京都将門塚庁舎が実現していれば、東京都丸の内庁舎は建設されなかったはずである。また、将門塚庁舎の設計コンペを丹下が制していれば、彼の建築家人生はかなり違ったものになった可能性もある。事の顚末《てんまつ》を説明するためには、時計の針をいったん明治まで戻さなければならない。

慶応四年（一八六八）七月、明治新政府の首都として江戸は東京と改められた。旧来の武家屋

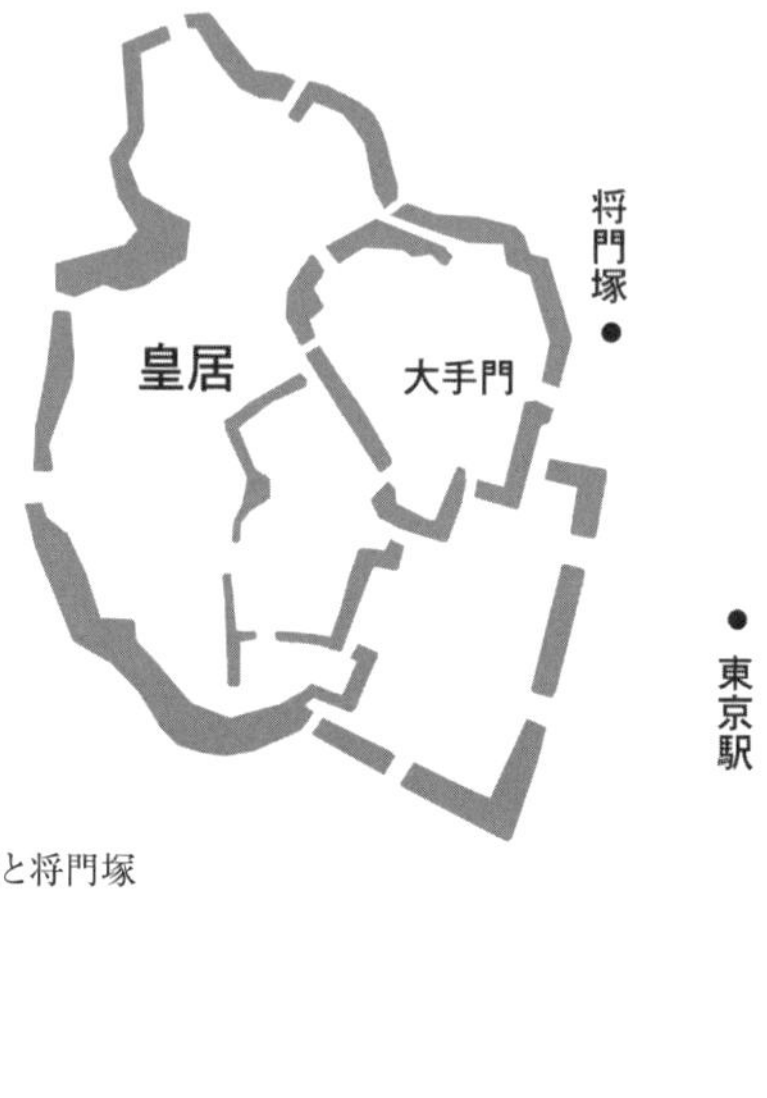

皇居と将門塚

敷は新政府の庁舎に転用されるものが多く、将門塚のある播磨姫路藩酒井雅楽頭《うたのかみ》家の屋敷は、明治四年（一八七一）八月、大蔵省に転用された。そして、明治十年（一八七七）に、古い屋敷は取り壊され、西洋式の木造二階建て庁舎に建て替えられた。設計は大蔵省営繕寮の建築技師、林忠恕《ただひろ》であった。

当時の将門塚の様子を、織田完之《かんし》『平将門故蹟考』はこう伝える。

「大蔵省の玄関の前に古い蓮池があり、これは神田明神の御手洗池だったという。池の少し南西に将門塚があった。塚（古墳）全体の高さはおよそ六メートルあり、周囲は二十七メートルほど。池に沿って、樅《もみ》や桜などの老樹がそびえ、森々鬱々《しんしんうつうつ》として日光を遮り、白昼でも暗い。実に静かで、鬼気迫るものを覚えた。少し距離をおいて、南に内務省があった。塚の東に、幅二・一メートル、長さ二・七メートルの礎石があり、中心に古石の灯籠が置かれていた。ここには、昔は常夜燈があったと思われる。

蓮池の面積は約三百坪あって、池の中に千鳥に似た岩があり、傍に古い井戸があった。池の水が減ると見えるこの井戸が、将門の首を洗ったものだという。

池の畔《ほとり》に周囲八・一メートル、長さ三メートル、高さ一・五メートルもの、自然石の巨大な手水鉢《ちょうずばち》があり、古色を帯び異形だった」（現代訳）

明治三十九年（一九〇六）、大蔵大臣阪谷芳郎のとき、高さ二・一メートル、六十センチ角の石材で保存碑が建立された。表面の「故蹟保存碑」の文字は松方正義（伯爵、六代大蔵卿）の書であった。

将門の祟り

大正十二年（一九二三）九月一日、関東地方は大地震に見舞われた。このとき、大蔵省の建物はすべて灰燼《かいじん》に帰し、将門塚を取り巻いていた樹木も焼け失せた。大蔵省は直ちに焼け跡の整理に着手するとともに、焼土で三百坪の蓮池を埋め立て、高さ六メートルの塚（古墳）も崩して平らに整地した。

その際、「思い切って」塚を発掘することになり、大熊喜邦の手で調査が行われた。大熊は、明治から昭和にかけて活躍した建築家で、大蔵省営繕管財局に勤めて、国会議事堂、首相官邸、文部省などの庁舎建築を手がけた。塚を掘り進むと古い石室が現れたが、かつて盗掘された跡があっただけで、特別の出土品はなかった。

この後、異変が起こる。『史蹟　将門塚の記』は伝える。

「これで安心したためもあって、塚の跡は再び整地されて、そこにバラック建ての仮庁舎が建設され、大正十三年（一九二四）四月に入居した。ところが間もなく、この仮庁舎で執務する大蔵省の役人のなかから、けがや病気になる者が続出。ついに大蔵大臣早速《はやみ》整爾《せいじ》を始め、営繕局工務部長などの幹部が、わずかの間に十四名も死亡した。また、けが人も政務次官など非常に多く、それも不思議に足をけがする者が多かった」

このため、「これ畢竟《ひっきょう》、将門の祟り」というウワサが広がった。畢竟とは、「最終的な結論としては」、との意味である。省内の役人は激しく動揺。ついに、仮庁舎のうち、将門塚の上に建てられた部分を撤去することにした。

昭和二年（一九二七）、神田明神の宮司が祭主となって、将門塚で盛大な鎮魂祭を実施。新任の大蔵大臣三土《みつち》忠造などが玉串を捧げ、ようやく省内の不安を取り除くことができた。

その後も、慰霊祭は続けられたが、時局が緊迫するにつれておろそかになることがあった。昭和十五年（一九四〇）六月、大蔵省に落雷があり、バラック建ての仮庁舎が炎上した。都心の官庁が雷火で焼けることはまれで、たまたま落雷した場所が将門塚の付近だったため、これもまた、将門の怨霊の祟りとされた。

時あたかも、将門没後一千年であり、大蔵大臣河田烈《いさお》の指示で、盛大な一千年祭が挙行された。また、震災で損傷していた故蹟保存碑を新調。表書は河田が自ら揮毫《きごう》した。

さて、仮庁舎を失った後、大蔵省はどこに行ったのだろう。実は落雷前から、大蔵省庁舎は霞ヶ関に移転することが決まっていた。大蔵省営繕管財局の設計により、昭和十一年（一九三六）に鉄骨鉄筋コンクリート造庁舎の建設を開始。昭和十三年度中に完成の予定であった。けれども、日華事変の勃発により軍関係工事が優先された結果、庁舎の外装はコンクリート打ち放しのまま未完であり、また内装は施されていなかった。

しかし、落雷による仮庁舎の炎上事故のため、急きょ内装工事だけを実施。翌月の昭和十五年（一九四〇）七月から大蔵省は霞ヶ関庁舎に移転し、何とか執務を再開した。

三筋の「その後」

ここから先、話は三筋に分かれて、それぞれに進行する。

まず、大蔵省庁舎の「その後」である。昭和二十年（一九四五）に入って本土空襲が激化したにもかかわらず、霞ヶ関庁舎は戦災を免れ、終戦を迎えることができた。やれやれと一息ついたと思う間もなく、進駐軍から突如として庁舎接収の指示があり、九月十五日には庁舎を引き渡さざるを得なかった。

大蔵省は一時しのぎのために、しばらくの間、日本勧業銀行、東京証券取引所などに間借り。その後、東京都教育局との交渉がまとまり、四谷第三小学校の建物に入った。さらに、周辺の土地を買収して、バラック建ての庁舎を増築し、各局が集合した。以後、四谷庁舎での執務が続いた。

昭和三十年（一九五五）の暮れ、接収中の庁舎解除が決まった。あわただしく庁舎内の整備を済ませ、翌三十一年（一九五六）三月になって、霞ヶ関の庁舎に十二年ぶりに復帰した。

霞ヶ関の官庁街を歩けば分かるが、戦前の官庁建築としては珍しく、現、財務省（旧、大蔵省）はこれといった装飾のない、簡素な佇まいになっている。その背景には、敗戦にともなう苦労話だけではなく、「畢竟《ひっきょう》、将門塚に関わったのがまずかった」としかいいようのない、不運な歴史が潜んでいる。

次に、東京都将門塚庁舎の「その後」である。昭和十五年（一九四〇）七月、大蔵省は霞ヶ関庁舎への移転に際し、大手町一丁目の跡地を、東京都の本庁舎建設用地として都へ移譲した。しかし、戦局は次第に激しさを増し、ついに昭和二十年五月の空襲で、大手町一丁目界隈の建物はすべて焼失。これにより、将門塚は再び焼け跡の中に取り残されることになった。

終戦の後、進駐してきたアメリカ軍は、焼け跡をブルドーザーで整地し、広いモータープール（駐車場）とした。当時の地図を調べると、大手町、丸の内などの都心には、あちこちにモータープールが点在しているのが分かる。

大手町一丁目界隈でも、整地工事のためブルドーザーで将門塚の礎石が片付けられようとしたとき、再び異変が起こった。

「ブルドーザーを運転していた日本人が突然の事故で死亡した。見ると焼土のなかに墓のようなものがある。米軍関係者が不審に思って調べると、昔の大酋長の墓ということである。土地の人々もマッカーサー司令部に出頭して陳情した結果、塚の前、約五十センチのところで、モータープールを阻止することに成功した。

人々は応急に竹垣を巡らし、清掃と献花を行って、慰霊と保存につとめた。もし運転手に事故がなかったら、塚は消滅するところであった。将門公の霊異いまだ衰えず、と人々は恐れ畏《かしこ》まった」（『史蹟　将門塚の記』）。

このように、戦局の激化およびアメリカ軍の占拠により、予定されていた東京都将門塚庁舎の建設は撤回され、敷地は有楽町駅北側の丸の内三丁目に移された。つまり、将門塚庁舎構想は幻になった。

仮に、アメリカ軍の占拠がなかったとしよう。すると、昭和二十年代に東京都将門塚庁舎の指名設計コンペが実施され、丹下健三案が一等に当選していた可能性が高い。

あまたの異変が生じてきたこの土地で、丹下は「軸線」をいかに見いだし、「場の記念碑性」をいかに演出したのだろう。同氏が、将門の御霊と、どう折り合いをつけたのか知りたいと思う反面、「触ってはならない神」の手により、底なしの泥沼に引きずり込まれないでよかったとも思う。

丹下が対処法を間違っていれば、歴史の重みに押しつぶされて、モダニズムの本流を歩む建築家としての将来を危うくしたかもしれない。

さらに、将門塚の「その後」である。

昭和三十四年（一九五九）、アメリカ軍のモータープールは撤収され、千代田区も将門塚保存の重要性を考えて史蹟に指定した。

将門塚の東側の土地に、昭和三十六年（一九六一）、日本長期信用銀行と三井生命保険の本社ビルが建てられた。しばらくすると、塚に面した部屋で執務していた長銀の行員が次々に発病。神田明神の神官を招いてお払いをしたところ鎮まった、と伝えられる。

その後、昭和五十一年（一九七六）までに、北側に大手町合同庁舎、南側に三和銀行東京本部ビル、西側に三井物産ビルが建設された。これら高層ビルの工事に際し、丁寧に供養を済ませた後に、着工したビルでは何の事故もなかったのに、供養をしなかったビルでは、工事中に二人の作業員が死亡した、とされる。

現在の将門塚は、ビルの谷間に挟まれた、百坪足らずの土地である。しかしながら、千年以上の歴史を背負う御霊空間には、樹木が生い茂り、明らかに周辺とは異質の幽玄な空気が漂う。

富士山、都庁舎、西郷隆盛像の関係

「鬼門の物語」で、次に取り上げるのは、東京都新宿庁舎である。新宿庁舎は高層の第一本庁舎、第二本庁舎、低層の議事堂および広場、という三つのブロックで構成されている。

このうち、第一本庁舎の頂部にある二つの塔を、便宜的に北塔および南塔と名付けよう。北塔にも南塔にも、それぞれ四十五階に展望台があり、はるか西南西の方向に富士山の姿が見える。しかし、どちらの塔であれ、展望台から富士山をじっと眺めていると、身がねじれるような奇妙な感覚にとらわれてしまう。なぜだろう。

目を閉じ、頭を両手で包み、耳を澄まし、空間の気配を探る。思い当たる節があった。それは富士山から来る視線である。

双塔という形式は、二つの塔の間を通して、視線を向こうまで抜けさせようとする目的を持つ。すると、富士山から東京都第一本庁舎を見た場合、視線は双塔の間を抜けて都心に向かうことになる。つまり、視線軸はただ一本しかない。これに対して、第一本庁舎から富士山を見た場合、視線軸は北塔から一本、南塔から一本の計二本となる。

富士山に向かう二本の視線軸と、逆に富士山から都心に向かう一本の視線軸が交錯して、釣り合いが崩れ、空間にゆがみが生じ、結果として身がよじれるのである。

江戸、明治、大正、昭和、平成と、約四百年に渡って、江戸と東京の人々は富士山を眺め

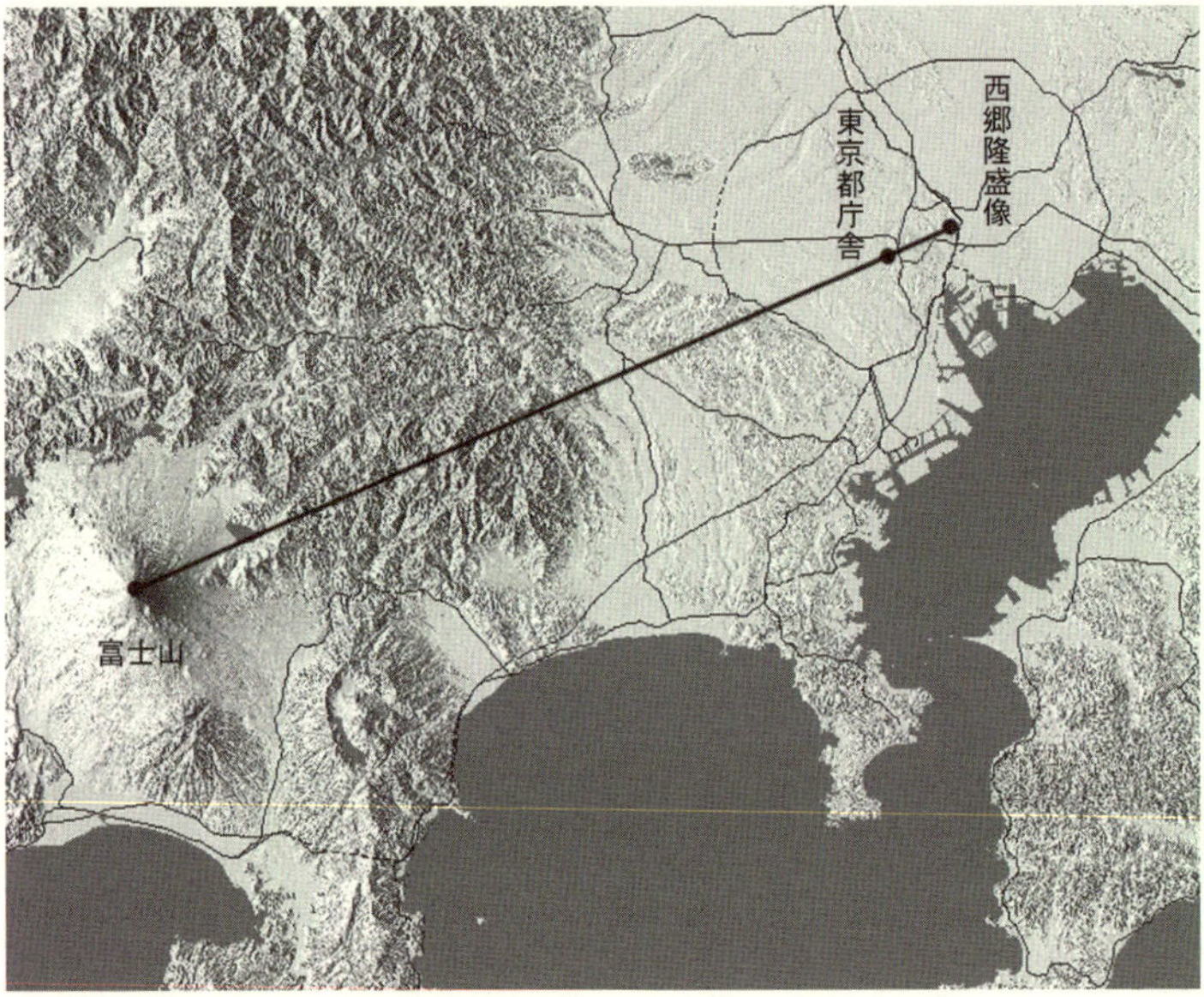

富士山、東京都庁舎、西郷隆盛像の位置

てきた。しかし、同時に、富士山も長い間、江戸と東京を見守り続けてきた。東京の鬼門軸と丹下健三作品の関係について考えるとき、手がかりにすべきなのはやはり富士山であろう。ここから先は、富士山からの視線を手がかりに、分析を進める。

手元に、スケール五十万分の一の関東全図を用意して、富士山から東京都新宿庁舎のうち、第一本庁舎の北塔と南塔の中間あたりを目指して、「えいやっ」と一本の線を引く。

直線は、高さ三千七百七十六メートルの富士山頂を出発し、稜線に沿ってなだらかな斜面を一気に滑り落ち、山中湖に達してから上昇に転じる。そして、丹沢山地を登りきった後に、ゆるゆると下降しながら相模川渓谷に迫る。渓谷を越え、さらに多摩丘陵の穏やかな起伏を進み、多摩川を渡り、山の手台地を通過すると、ついには新宿の都庁舎に至る。富士山から新宿庁舎まで、直線距離でおおよそ九十五キロある。

その線を、さらに北東に延ばす。新宿駅を渡り、神楽坂《かぐらさか》を過ぎ、東京ドームを越え、東京大学キャンパスと不忍池を横切ると、不思議なことに、やがて上野公園の山王台《さんのうだい》に立つ西郷隆盛の銅像にたどり着く。都庁舎から西郷像まで約八キロの距離だ。

富士山から出発すると、どういう因縁によるものか定かではないが、都庁舎の鬼門の方向に西郷像が待ち受けているのである。

それにしても、明治期に、こんな場所に、なぜ西郷像が建てられたのだろう。我々が知っているのは、次のような歴史的事実である。

一、江戸時代の初め、天海大僧正は江戸の鬼門を守るため、上野に東叡山寛永寺を創建した。そして、境内の南端近くに山王社を勧請して、寛永寺の地主神および守護神とした。

二、幕末の慶応四年（一八六八）五月十五日、寛永寺に立てこもった彰義隊と官軍が戦った。このとき、彰義隊は惨敗して寛永寺も炎上。天海が築いた鬼門対策の拠点は壊滅した。

三、明治三十一年（一八九八）になって、山王台（山王社があった高台）に西郷隆盛像が建てられた。

しかし、これだけでは詳しい理由は明らかにならない。西郷像の謎を解くには、歴史を遡って隠された何かを探す必要がある。長く込み入った話になるので、いったん章を改める。

第六章　西郷隆盛像の大きな目

上野公園の山王台《さんのうだい》に、なぜ西郷隆盛の銅像が建てられたのか。ひとつには、西郷率いる薩摩兵が彰義隊と戦い、山王台を制圧したからだ。勝者が記念碑を残すのは、古来からの習いである。

東叡山寛永寺《とうえいざんかんえいじ》が上野戦争の舞台になった直接の原因は、彰義隊が寛永寺に立てこもったことに求められる。しかし、間接的な原因は、徳川慶喜《よしのぶ》による寛永寺大慈院での「謹慎」、および輪王寺宮公現入道親王《りんのうじのみやこうげんにゅうどうしんのう》の行動を巡る「誤解」にあったと考えられる。

徳川最後の将軍となった慶喜（一八三七—一九一三）は、御三家の水戸徳川家に生まれ、後に御三卿の一橋徳川家を相続した。御三家は尾張、紀伊、水戸家。一方、八代将軍吉宗が創設した御三卿は田安、一橋、清水家である。慶喜はさらに、文久二年（一八六二）に将軍後見職に就き、慶応二年（一八六六）には三十歳で十五代将軍になった。

これに対して、輪王寺宮は日光御門主ともいわれ、江戸期に十三代続いた日光山輪王寺の皇族門主（住職）を指す。原則として東叡山寛永寺に住み、東叡山寛永寺、日光山輪王寺、比叡山延暦寺《ひえいざんえんりやくじ》という格式の高い三山の住職を務め、三山管領宮《かんれいみや》とも呼ばれた。また、延暦寺の貫主《かんじゆ》（住職）は、同時に天台座主《てんだいざす》として末寺を統括する役割も担っていた。

寛永寺の住職であった天海は、自分が亡くなるとき、弟子の公海に、「三山を管轄するため一品親王《いつぽんしんのう》を迎えるように」と遺言。跡を継いだ公海は、天海の指示に従って、親王を迎える環境づくりに尽力した。そして、後水尾天皇（一五九六―一六八〇）のとき、第三皇子の守澄《しゆちよう》親王が一品親王として東下。東叡山に住みながら三山を管轄し、輪王寺宮と称することになった。

皇族男子である親王には、一品から四品《よんほん》までの位階が定められ、一品親王とは皇族で筆頭的な地位にある者を指した。すなわち、天皇に近い親王が京都から江戸に出向き、輪王寺宮として寛永寺など三山を支配していたのである。

輪王寺宮公現入道親王は、伏見宮家の第九王子として生まれ、二十歳になった慶応三年（一八六七）に輪王寺宮を継いだ。

表「上野戦争の前後」からは、慶応四年（一八六八）における慶喜および輪王寺宮の行動が、彰義隊を強く刺激した様子が見てとれる。

【上野戦争の前後】

一月七日　十五代将軍徳川慶喜に対する追討令が出され、官軍が東征を開始。

二月十二日　慶喜が江戸城を出て、上野の寛永寺大慈院にて謹慎。
同日、一橋家の家臣十七名が四谷の円応寺に集い、慶喜を守るため、彰義隊の結成について協議。
二月二十一日　輪王寺宮が寛永寺から駿府に向かう。
二月二十三日　浅草本願寺に百三十名が集い、彰義隊を結成。
三月十三日　官軍の西郷隆盛と幕臣の勝海舟が、江戸城への攻撃中止を決める。
三月二十日　輪王寺宮が寛永寺に戻る。
三月中旬　彰義隊が寛永寺に入る。
四月十一日　江戸城が開城。
同日、慶喜が寛永寺を出て、故郷の水戸へ向かう。
五月十二日　官軍の参謀が寛永寺を訪れ、輪王寺宮に京都へ戻るように促そうとしたが、宮は面会を拒否。
五月十五日　寛永寺に立てこもった彰義隊を、官軍が総攻撃（上野戦争）。
同日、輪王寺宮が寛永寺を脱出。

輪王寺宮の行動

慶応四年（一八六八）一月七日、徳川慶喜に対する追討令が出され、有栖川宮熾仁親王《ありすがわのみやたるひとしんのう》を大総督とする官軍が東征を開始した。

宮さん宮さんお馬の前に
ひらひらするのは何じゃいな
トコトンヤレトンヤレナ
あれは朝敵征伐せよとの
錦の御旗じゃ知らないか
トコトンヤレトンヤレナ

日本最初の軍歌とされる「宮さん宮さん（トンヤレ節）」を歌って士気を高めながら、破竹の勢いで進軍する官軍を見た慶喜は、二月十二日に江戸城を出て、上野の東叡山寛永寺大慈院に引きこもって謹慎生活に入った。

寛永寺で謹慎したのは、まず、慶喜の出身地である水戸や、徳川家の祖廟《そびょう》のある日光に近いことを考慮したからだ。次に、寛永寺には輪王寺宮公現入道親王という「宮さん」がおわしたこと。慶喜には、輪王寺宮が朝廷を動かしてくれるのではないか、という淡い期待があった。

その期待に応えようとして、二月二十一日、輪王寺宮は寛永寺を出発。官軍が駐営する駿府（静岡）に向かった。目的は、大総督の有栖川宮、あるいは軍事総裁の小松宮彰仁親王《こまつのみやあきひとしんのう》に面会して、東征の中止および慶喜の助命を要請することにあった。

有栖川宮一品親王は現在でいえば総理大臣、小松宮親王は防衛大臣に相当する地位にある。さらに小松宮は輪王寺宮一品親王の実の兄でもあった。

しかし、輪王寺宮が江戸を出発するとき、第一の「誤解」が生じた。寛永寺関係者はもちろん、江戸の市民たちもまた、将軍慶喜が朝敵になったため、愛想をつかした輪王寺宮が江戸を見捨てて、京都に戻ってしまうと思い込んだのである。

これより少し前、慶喜が寛永寺に入った当日、一橋家の家臣が四谷の円応寺に集まり、慶喜を守るため彰義隊を結成すべきであるとして相談を始めた。そして、「輪王寺宮が慶喜を見捨てて京都に去った」、かのように感じられた日から二日後。二月二十三日になって、幕臣らが正式に彰義隊を結成した。隊員は、官軍への武力抵抗を掲げる幕臣が中心で、ほかに脱走兵や傭兵なども混じっていた。頭取の渋沢喜作、副頭取の天野八郎ともに、慶喜の側近であった。

一方、輪王寺宮の側にも、第二の「誤解」があった。輪王寺宮は、自分がわざわざ駿府まで出かけて要請すれば、兄の小松宮を軍事総裁と仰ぐ官軍は、東征の中止および慶喜の助命を受け入れると思い込んでいた。

しかし、いざ駿府の官軍に行ってみると、薩摩、長州、土佐、肥前藩出身者を中核とする参謀たちは、輪王寺宮を有栖川宮や小松宮に会わせようとはしなかった。東征によって、徳川幕府を崩壊寸前に追い込んでいるというのに、無用の情けをかけて進軍を中止するようなことにでもなれば、幕府が生き延びてしまうので、「余計なお世話」としてはねのけたのである。このため、輪王寺宮は官軍に対して怒りを感じたまま、三月二十日になって、寛永寺に戻ってきた。

輪王寺宮戻る、という知らせに彰義隊の意気は上がった。そして、四月十一日に江戸城が無血開城し、慶喜が水戸に落ちた後になっても、なお寛永寺に立てこもり、江戸市中でしばしば官軍と小競り合いを繰り返した。

山王台の陥落

業を煮やした官軍は、五月十五日になって、東叡山寛永寺への総攻撃を開始した。上野戦争である。総勢三千人足らずの彰義隊に対して、官軍は薩摩・長州以下、合計二十一藩一万五千人。圧倒的な兵力差であった。

官軍の総指揮を執ったのは、「宮さん宮さん」の作曲者でもある、長州出身の大村益次郎。

彼は、新政府の軍防事務局判事として軍政を担当すると同時に、兼任の江戸府判事として江戸の治安を取り締まる立場にあった。

官軍は大きく三隊で編成された。黒門《くろもん》に臨む正面攻撃には、最精鋭の薩摩兵（鹿児島）、因幡兵（鳥取）、肥後大村兵（熊本）を配した。本郷台（現、東京大学）には、肥前兵（佐賀）がアームストロング砲を据え付けて、側面攻撃を担当。団子坂《だんござか》には長州兵（山口）ほかが詰めて、背面から攻撃する手はずであった。

西郷隆盛は寛永寺正面の黒門から攻め入る薩摩兵を指揮した。

当日は未明の午前三時ころまでに、江戸城大手門外の大下馬《おおげば》に、官軍の攻撃部隊が参集した。このうち、西郷隆盛が率いる薩摩兵は、朝六時ころ、湯島を経て下谷広小路《したやひろこうじ》（現、上野広小路）に向かい、正面の黒門口から上野の山に迫った。

広小路から西郷像のある山王台へは、今は階段（袴腰《はかまごし》の階段）がつながっているが、当時は階段がなく山王台は切り立った崖であった。彰義隊はこの崖下に布陣し、かつ山王台に砲台を築いて、黒門を攻撃する官軍に対峙した。兵力および装備の面では官軍が圧倒していたが、山王台という高地から発射する大砲と鉄砲が効果を発揮。官軍が攻めあぐねて、午前中は両軍ともに一進一退を繰り返した。

均衡を破ったのは、正午過ぎになって、本郷台から肥前兵が放った、最新兵器アームストロング砲の威力であった。山内に砲弾を撃ち込み、堂舎を次々に破壊。そのため、彰義隊に死傷者が続出し、動揺し、混乱していった。

この機会をとらえて、薩摩兵、因幡兵、肥後大村兵が、山王台脇の崖をよじ登って、山王台に突入。激戦の末、ついに山王台を占拠した。

山王台が陥落した後、薩摩兵が黒門を突破。これに続いて、因幡兵、肥後大村兵、津兵（三重）などが黒門から山内に突入し、次第に彰義隊を制圧していった。

当日の戦況を、西郷が、京都にいた大久保利通《としみち》、吉井友実《ともざね》に、二十日付で知らせた手紙がある。

「朝六時ころより戦《いくさ》相始まり候《そうろう》。昼五時に終わり申し候。誠に長い戦にて大いに労《つか》れ申し候」

両軍の激突によって、「東叡山三十六坊火の海となり、山中の樹根に屍《しかばね》うず高く折りかさなって」、徳川家の菩提寺であった寛永寺の大半は焼失した。敗色が濃くなったころ、輪王寺宮は上野を脱出。品川から海路、仙台に向かった。

天海の失策

東叡山が上野戦争の舞台になった直接の原因は、彰義隊による寛永寺への立てこもりにある。しかし、歴史の因果関係をたどると、大本には、東叡山寛永寺を開山した天海自身による致命的な「失策」があったことを、指摘せざるを得ない。

そもそも、江戸の鬼門および裏鬼門対策において、天海が真っ先に考えなければならなかったのは、悪神《あくじん》になり得る平将門の御霊への配慮、であった。そして、将門対策を徹底しようとするなら、天海は、「東叡山《とうえいざん》」という名前を決して使うべきではなかった。

なぜなら、平安の昔、悪神の将門によって、東叡山《とうえいざん》承和寺《じようわじ》が焼き払われていた史実があるからだ。

話を整理するため、比叡山延暦寺、東叡山承和寺、東叡山寛永寺という三つの寺院について、簡単にまとめておく。創建は延暦寺、承和寺、寛永寺の順だが、焼き払われたのは承和寺、延暦寺、寛永寺という順になる。

【比叡山延暦寺《ひえいざんえんりやくじ》】

所在――滋賀県大津市坂本本町

創建――延暦七年（七八八）

開山――天台宗の開祖、伝教大師最澄

地主神――日吉大社（山王権現）

織田信長との関わり――元亀二年（一五七一）に、延暦寺は信長に全山を焼き討ちされる。

地主神の山王権現も焼失。

【東叡山承和寺《とうえいざんじようわじ》】
所在――茨城県筑西市赤浜（旧、真壁郡上野村）
創建――承和年間（八三四―四八）
開山――天台宗の慈覚大師円仁（最澄の弟子）
地主神――山王日吉神社
平将門との関わり――承平五年（九三五）に、承和寺は将門に襲われ、全山を焼き討ちされる。地主神の山王日吉神社も焼失。

【東叡山寛永寺《とうえいざんかんえいじ》】
所在――東京都台東区上野公園（現、上野桜木一丁目）
創建――寛永二年（一六二五）
開山――天台宗の慈眼大師天海
地主神――山王社
西郷隆盛との関わり――慶応四年（一八六八）に、寛永寺は官軍に攻撃され、中心部分を焼失。

地主神の山王社は西郷が指揮した薩摩兵に占拠される。

東叡山承和寺の焼失

さて、将門の乱（天慶《てんぎょう》の乱）は大きく二段階に分かれる。第一段階は、承平《じょうへい》五年（九三五）に始まった、平氏一族の内紛である。第二段階は、天慶二年（九三九）に、将門が常陸国府を襲撃して占領し、国家への謀反と見なされた以降である。

将門は初戦となった承平五年二月の戦いで、茨城県筑西市赤浜にあった、天台宗の大寺院「東叡山承和寺」を襲い、「山王日吉神社」もろとも全山を焼き尽くした。筑波山の西方、七・五キロほどの場所である。

筑西市に代々続く名主の家系に生まれ、農林大臣、内閣官房長官、防衛庁長官等を歴任した赤城宗徳（一九〇四―一九九三）の著書、『将門地誌』および『平将門』を要約する。

東叡山承和寺は、仁明《にんみょう》天皇の「承和年間」（八三四―四八）に、比叡山延暦寺を創建した伝教大師最澄の弟子、慈覚大師円仁により建立されたとされる。当時、この地方の人々は都に憧れて、小高い丘を比叡山に見立てて東叡山と呼び、山王日吉神社を琵琶湖の坂本にある日吉大社に見立てていた。

将門はこの承和寺を攻めたてた。

「当日の戦闘は、吉祥房、光蓮坊あたりから始まり、僧徒その他が死力をつくして防戦したがその効なく、次々と末寺を焼かれ、本山たる東叡山も陥り、最後に三光院を拠点として戦ったが、もちきれず、多くのひとたちもあるいは討たれ、あるいは自決、一山全滅したという」

焼き討ちされた東叡山承和寺は、天海の東叡山寛永寺とあまりにも共通点が多い。東叡山承和寺は真壁郡「上野村」に位置。また、山号は東の比叡山の意味で「東叡山」と称し、寺号は時の年号「承和」から採用した。その傍らにあった、南北約五キロ、東西約三キロの湖水（騰波《とば》ノ江、鳥羽の淡海《おうみ》とも呼ぶ）を琵琶湖になぞらえていた。

この湖水は風光明媚で、『続松葉集』に和歌が残されている。

「つくばねのもみぢちりしく風吹けば　とばの淡海に立てる白波」

いずれにしても、将門によって、東叡山承和寺は山王日吉神社とともに焼き払われていた。

さらにいうならば、比叡山延暦寺が、地主神の山王権現もろとも、元亀二年（一五七一）、織田信長に焼き討ちされた事件も忘れてはならない。天海はかつて、信長の比叡山焼き討ちを目撃したとされる。また、混乱していた比叡山延暦寺におもむいて、これを再興した経験を有している。

天海ほどの古強者《ふるつわもの》が、不吉な因縁を持つ「東叡山」という山号を、なにゆえ江戸の鬼門を封じる寛永寺に採用したのだろう。誠に不可解である。

「国家安康」事件

思い返すと、徳川家康が健在だったころ、有名な「国家安康《こっかあんこう》、君臣豊楽《くんしんほうらく》」鐘銘《しょうめい》事件が持ち上がっている。豊臣秀吉が建立し、慶長十九年（一六一四）に豊臣秀頼が再建した京都の方広寺大仏殿の梵鐘《ぼんしょう》に刻まれた文字が、「家」と「康」を分断し、「豊臣」を「君主」にするものとして家康の怒りを買い、同年十一月の「大阪冬の陣」の端緒となった事件である。

また、元和二年（一六一六）に、家康が没したとき、その神号を「権現《ごんげん》」にするか「明神《みょうじん》」にするかで激論が起こった。天海は自らが提唱した山王一実神道《さんのういちじつしんとう》にもとづいて「権現」を主張したのに対し、臨済宗の僧崇伝《すうでん》は日本古来の吉田神道を根拠に「明神」がいいとして譲らなかった。決着を付けたのは、天海の「明神は悪し。豊国大明神《ほうこくだいみょうじん》を見やれ。あれがよきか」という言葉だった、とされる。豊臣秀吉が大明神に祀られたにもかかわらず、その子の秀頼の代で、豊臣家が滅亡した事実を指摘したのである。

少し複雑になるが、天海が提唱した山王一実神道について触れる。

昔から、天台宗の寺院と山王社（日吉大社）には深い関係があり、延暦寺を開山した伝教大師最澄は、日吉大社に「山王権現」という神号を奉り、比叡山の鎮守神とした。権現とは「菩薩の化身として現れた日本の神」。すなわち神仏習合の象徴であり、日吉大社と延暦寺が深い協調関係を確立したことを物語る呼称である。こうして生まれた、山王権現を中心とする諸神信仰を山王信仰と呼ぶ。

天海の山王一実神道は、山王信仰を発展させ、家康を東照大権現という最高神として祀った、極めて政治色の強い神道である。平たくいえば、家康を菩薩でもあり神でもある唯一無二の存在に仕立て、徳川幕府による天下統一と徳川家の子孫繁栄を図ることを最大の目的とした。

しかし、歴史をたどるなら、かつて山王信仰の時代に、将門により東叡山承和寺と山王日吉神社が焼かれ、信長により比叡山延暦寺と日吉大社が焼かれている。そして、幕末になって、官軍により東叡山寛永寺が焼かれ、同時に西郷隆盛により山王社が制圧され、山王一実神道は終焉に追い込まれてしまった。歴史は三度繰り返したのである。

このように、東叡山寛永寺を衰亡させたのは、直接的には官軍であり西郷であったにしても、根本的には、天海が「東叡山」という山号を選んだことが誤りだったことになる。

山王社跡地に西郷隆盛像

上野戦争により寛永寺は痛手を負った。寛永寺執事長の浦井正明著『「上野」時空遊行』

は述べる。

「大伽藍《だいがらん》を誇っていた寛永寺は、清水観音堂や山王社、東照宮、五重塔などのわずかな伽藍を残し、他の堂宇《どうう》一切が灰燼《かいじん》に帰していた。

上野戦争前の寛永寺は、不忍池六万坪を除いて、三十六坊三十万五千坪の境内を誇っていたが、戦争の後は紆余曲折《うよきょくせつ》を経て、約一割の三万坪の境内に寛永寺本堂と、天海（慈眼《じげん》大師）および元三大師《がんさんだいし》（慈恵《じえ》大師とも）の二人を祀った両大師堂のある輪王寺、それに清水観音堂や弁天堂、そして十九の子院などが残るだけとなった」

さらに、明治六年（一八七三）。新政府は追い打ちをかけるように、「公園」制度を創設した。東京府はこれを受け、浅草（浅草寺）、上野（寛永寺）、芝（増上寺）、深川（富岡八幡宮）、飛鳥山の五カ所を公園地として指定し、西洋式公園をつくることを申し出た。

「特に上野は輪王寺宮の存在もあって、幕藩体制下の宗教的シンボルでもあったから、それを明治の御世における近代化のシンボルにする意義は、今日われわれが考える以上に大きかったはずである。上野が西洋式公園になるということは、取りも直さず徳川の精神的牙城を崩壊させることでもあったのである。

このため、旧寛永寺境内に焼失から免れて残っていた建物も、西洋式庭園の景観を損ねるものは強制的に撤去を命じられた。そのなかには、天海が京都八坂神社から勧請してきて、今の精養軒《せいようけん》の場所につくった祇園《ぎおん》社、今の西郷隆盛像のところにあった山王社、大仏山の大仏の上屋などが含まれていた」

このなかで着目したいのが、山王社についての記述である。山王台にあった山王社は、上野戦争で焼け残ったにも関わらず、公園化にともなって撤去された。そして、明治三十一年（一八九八）、跡地に西郷隆盛像がつくられた。

「西郷像が上野に建てられた真の狙いは、西郷を戊辰《ぼしん》戦争の勝者の象徴として、徳川幕府とゆかりの深い上野の地に置くことにより、時代が移り変わったことを人々に印象づけようとしたことにあったと思う。

しかも、現地に行けばすぐに気づかれると思うが、西郷像のすぐ後ろには彰義隊の墓が建てられている。生き残った隊員たちが、苦心の末に建立した彰義隊の墓は西郷像の陰となり、どう見ても存在感が薄くなっている。西郷像が建てられたときの彰義隊関係者の胸中について、私はなんらの史料も持ち合わせていないが、さぞ無念な思いを感じていたのではないだろうか。もちろん、政府側は西郷像と彰義隊との位置関係を意識していたに相違ない」（『「上野」時空遊行』）

山王社はかつて、寛永寺の地主神であり、守護神であった。その山王社は上野戦争でかろうじて焼失を免れたにもかかわらず、上野の公園化にともなって撤去されてしまった。そして、跡地に西郷隆盛像が建てられたのである。

しかしながら、西郷像が上野の山王台に建てられた理由は、決して上野戦争で黒門を突破し、山王台を制圧した功績だけによるものではない。もうひとつの理由は、明治十年（一八七七）の西南戦争に敗れ、故郷の鹿児島で、西郷が自決して果てた事件に求めなければならない。要するに、西郷は敗死したからこそ、山王台に招かれたのである。

西南戦争の悲惨

西郷隆盛は、文政十年（一八二七）、鹿児島の下級武士の家に生まれ、明治十年、四十九歳で死去した。彼が江戸城を無血開城するまでの間に、徳川家の将軍は十一代家斉《いえなり》、家慶《いえよし》、家定《いえさだ》、家茂《いえもち》、慶喜《よしのぶ》と代わって、終焉を迎えた。

西郷は維新第一の功臣とされるが、その人生は苦難に満ちたものだった。

二十六歳で、藩主の島津斉彬《なりあきら》に取り立てられ、参勤交代に同行し江戸へ出て、国事に関わった。しかし、安政の大獄と、続く斉彬の死に絶望。三十歳の冬に、入水自殺を図ったが失敗し、そのまま奄美大島に流され、約三年間の謹慎生活を送った。

後に許されて、島津久光のもとで活躍したが、久光と衝突。再び遠島の身となって、徳之島と沖永良部島《おきのえらぶじま》に流され、一年半を過ごした。許されて、鹿児島に帰ったのは、三十六歳の春である。

幕府が長州藩を討った第一次長州征伐では、幕府側の参謀として活躍するも、以後、討幕へと方向を転換。慶応二年（一八六六）に、坂本龍馬の仲介で、長州の木戸孝允（桂小五郎）と薩長連合を結んだ。そして、慶応四年（一八六八）の戊辰《ぼしん》戦争を主導。勝海舟とともに江戸城の無血開城を実現し、王政復古を成功させた。そのとき、四十歳になっていた。

新政府内でも維新の改革を主導した。しかし、明治六年（一八七三）、征韓論に敗れて下野。四十五歳の冬に、鹿児島に戻った。四年後の明治十年、西南戦争を起こしたが敗れ、城山で自決した。

西南戦争は、西郷隆盛を中心とする鹿児島士族の反乱である。征韓論に敗れて下野した西郷は、帰郷して私学校を興したが、政府との対立が次第に高まり、ついに私学校生徒らが西郷を擁して決起した。

西郷は、明治十年二月十五日、約一万三千人の兵を率いて鹿児島を進発した。これに対して、明治天皇は征討《せいとう》の詔《みことのり》を発し、有栖川宮熾仁親王《ありすがわのみやたるひとしんのう》を鹿児島県逆徒征討総督とする、約四万五千人の政府軍を派遣した。かつて、将軍慶喜を追討したとき、官軍の大総督は有栖川宮であり、参謀は西郷であった。奇しくも、両者は、西南戦争において、一方が政府軍、他方が賊軍に分かれて、相対するかたちになった。

西郷軍は二月下旬に、熊本城に置かれた政府の熊本鎮台《ちんだい》を包囲した。一方の政府軍は、熊本鎮台兵、小倉鎮台兵、急派された警視庁巡査隊、合わせて約三千四百の兵力で籠城《ろうじょう》作戦をとった。

西郷軍は熊本鎮台に猛攻撃をしかけたが、守備が堅くて落とすことができない。一進一退を繰り返すうちに、福岡に上陸した政府軍が続々と南下。三月四日から、熊本市の北西約十キロの場所にある田原坂《たばるざか》で、両軍が全面衝突した。

田原坂では、今までの戦史にない激しい戦いが、昼夜の区別なく続いた。そして、三月二十日。攻防戦が始まって十七日目に、政府軍は西郷軍をけ散らして、田原坂を完全に制圧した。

このため、西郷軍は四月十四日、熊本城の包囲を解いて撤退せざるを得なかった。以後、西郷軍は各地を転戦したが敗れて、八月十七日に宮崎県長井村で全軍を解散。残った数百人だけが、鹿児島に戻り再挙を図った。しかし、政府軍は九月二十四日、西郷らが立てこもる城山を総攻撃し、西郷以下約百六十人が戦死した。

西南戦争全体で、政府軍の死者六千四百人、西郷軍の死者六千八百人という、多数の犠牲者を出した悲惨な戦いであった。

福田敏之編著『西郷隆盛写真集』は、西郷の自決の場面をこう描写する。

「敵弾はますます激しくなってきた。一丁ほど行った所で、辺見十郎太は『もう、ここでよくはないでしょうか』と尋ねたが、西郷は『まだ、まだ』と答えた。しばらく歩いた所で、城山からの流れ弾が西郷の肩から股を撃ち抜いた。西郷は、『晋どん、晋どん、もうここでよかろう』と座り込み、東の方、皇居に向かって手を合わせた。別府晋介は西郷に向かって『お許しを』と一言、腰の刀を振るって首を落とした。午前七時になっていた」

また、明治天皇の感慨についても伝える。

「明治天皇は西郷死去をどう受け止められたか。明治天皇はそのとき大演習中で、習志野の行在所《あんざいしょ》に起居されていた。かねて西郷には特に親愛の情をいだいておられた天皇には、西郷の死去の報を早く奏上《そうじょう》した方がよいというので、侍従が真夜中にもかまわず奏上した。天皇はすぐお目覚めになり、ただ一言、『朕は西郷を殺せとは言わなかった』と、申されたという」

惜しまれた西郷

英雄となった一軍の将が、逆賊に落ちて非業の死を迎えたとき、死後に怨霊《おんりょう》となって荒れ狂う恐れがある、とされる。その怨みを免れるためには、西郷の御霊を慰撫し、鎮魂しなければならない。しかし、死の直前、皇居に向かって手を合わせたからには、西郷は穏やかな気持ちになって、天皇に許しを請うたか、あるいは別れを告げた、と受け止めるべきであろう。

再び、『西郷隆盛写真集』を引用する。

「西南戦争を戦っているときから、西郷をひいきする声は少なくなかった。ちょうど来日中だった、大森貝塚発見のアメリカの生物学者モース教授は、八月八日の読売新聞に掲載された、西郷隆盛が星になったとする錦絵を見て、『大変な人気で、国民はみな西郷を敬愛している。光り輝く星のなかに彼が居ると信じていた』と、国民が西郷に寄せる愛情を見抜いている」

「西南戦争の翌十一年（一八七八）二月、東京新富座で黙阿弥《もくあみ》作の『西南雲晴朝東風《おきげのくもはらうあさごち》』が賑々《にぎにぎ》しく幕を開けた。西郷に市川団十郎、桐野利秋に市川左団次、別府晋介に市川子団次など、そうそうたる名優をそろえての上演で大当たりした」

「明治十四年（一八八一）、功臣への位階昇進、授爵があった。しかし、西郷の名前がない。憤った福沢諭吉は、『時事新報』の紙面で、『南洲西郷隆盛翁銅像石碑建設主意』を掲載し、発起総代人として寄付金募集を訴えた」

西郷が没してから十二年経った、明治二十二年（一八八九）。大日本帝国憲法の発布にともなう大赦があり、西郷の人柄を愛した明治天皇の意向もあって罪が許され、正三位が追贈された。

翌二十三年（一八九〇）一月、旧庄内藩（山形県）の藩士たちの手で『西郷遺訓集』が刊行された。戊辰の役に際して、奥羽征討総督大参謀だった西郷隆盛は、賊軍の庄内藩に、温情のある寛大な取り扱いをした。このため、藩を上げて西郷の措置に感謝し、藩主松平忠篤をはじめ多くの藩士が遠路はるばる鹿児島を訪ね、親しく教えを請うた。そのときの西郷談話を書き留めたのが『遺訓集』であり、西郷の哲学、人間の生き方、政治社会のあり方が示されている。天を敬い、人を愛することを説いた、有名な「敬天愛人《けいてんあいじん》」という思想も、ここで語られている。

上野の守護神

西郷隆盛の銅像を建てる計画が持ち上がったのは、明治二十三年（一八九〇）八月である。薩摩藩出身の海軍大臣樺山資紀《かばやますけのり》、同じく枢密顧問官吉井幸輔（友実《ともざね》）、三田藩（兵庫県）出身の帝国博物館長九鬼隆一《くきりゅういち》などから、東京府知事富田鉄之助に嘆願書が提出された。

「西郷隆盛を記念する銅像を、宮城（皇居）正門前の公園に建設したいので、これを認めていただきたい」

樺山は西南戦争で熊本鎮台の参謀長を務め、西郷と戦った。吉井は、上野戦争について、西郷が「誠に長い戦にて大いに労《つか》れ申し候」と手紙を送った相手である。

ここから先は、浦井正明による二冊の著書、『上野寛永寺　将軍家の葬儀』『「上野」時空遊行』にもとづく。

嘆願書は、宮内大臣・土方久本《ひじかたひさもと》により、翌二十四年（一八九一）九月にいったん許可された。一説によると、皇居前広場の楠木正成像の横に建てる予定であったといわれる。しかし、この許可は、二十五年（一八九二）十二月になって突然取り消された。明治維新において西郷隆盛の功績が大きかったとはいえ、道を誤り、賊名を負ったことをはばかったため、と推測される。

しかし、「但《ただ》し書」が付けられていた。「皇居前に建てることは認めないが、その代わりとして、上野公園の然るべき場所を、帝国博物館長と話し合いのうえで選んで、再度申請するように」。

帝国博物館長とは、嘆願書を提出したひとり、九鬼隆一であるので何の問題もない。

嘆願書は二十六年（一八九三）三月に再提出され、上野公園の山王台への設置が許可された。そして、彫刻家の高村光雲《こううん》による西郷隆盛像は、明治三十一年（一八九八）に完成した。

「話し合いの結果、銅像建設地として決まったのが現在の場所であった。上野公園の玄関というか、顔とでも表現するべき場所であろう。公園の入り口の上に当たり、上野広小路を一望し、いかにも上野の守護神のような位置に据えられた西郷像はやがて上野の代名詞となり、今では、誰も、何の疑問を感じることもなく、上野の風景に溶け込んでいる」（『「上野」時空遊行』）

明治維新の最大の功労者とされる西郷隆盛の銅像は、本来であれば、皇居正門前の広場に建てられるのがふさわしかった。しかし、西南戦争で逆賊の身になったからには、皇居の正門前に銅像を建てるわけにはいかない。

その理由は、皇居と将門塚の関係を考えると、分かりやすい。

まず、江戸城本丸の大手門の傍らに将門塚があるため、明治になって皇居の位置を将門塚から遠ざかるように、そろりと西に移動させ、新たに西の丸大手門を皇居の正門に改めた経緯がある。

そして、何より、明治二十一年（一八八八）には、西の丸に和洋折衷の新宮殿が完成したばかりである。新宮殿の近くに銅像を建てるなら、皇室に対して揺るぎのない忠誠心を抱く武将こそふさわしい。おそらく、このような判断から、明治三十三年（一九〇〇）になって、皇居前広場に楠木正成《くすのきまさしげ》（一二九四―一三三六）の銅像が建てられたのであろう。制作は彫刻家の高村光雲である。

楠木正成は南北朝時代の河内の武将。後醍醐天皇の鎌倉幕府討伐計画に応じて、幕府軍を相手に奮戦を続け、「建武の中興」の立役者となったが、最後に湊川《みなとがわ》で足利尊氏と戦って敗死した。

いずれにしても、西郷は、江戸城を無血開城し、上野戦争で勝ち、西南戦争で負けたがゆえに、その銅像が上野の山王台に建てられた。

寛永寺執事長の浦井は、何気なく、「いかにも上野の守護神のような位置」と述べている。しかし、この位置こそが、寛永二年（一六二五）から約二百五十年にわたり、徳川家の側に立って江戸の鬼門を鎮護してきた寛永寺の守護神である山王社の跡地、という重要地点であった。また、明治以降には、皇室の側に立って、東京の鬼門を鎮護する役割を担う地点でもあった。つまり、単に上野の守護神ではなく、江戸・東京の守護神が立つべき位置なのである。

天海はかつて、江戸の鬼門および裏鬼門対策を講じるとき、平将門および太田道灌の御霊《ごりょう》に深く配慮した。そして、明治新政府は偶然にも、西郷像を、呪術性の高い上野の山王台に招き入れた。これにより西郷隆盛の御霊は、東京において、将門および道灌と匹敵する存在になった。悲劇の死を遂げた英雄の御霊こそが、人々に恐れられ敬われることにより、強い影響力を発揮し得るのである。

東京都心の地図があるなら、皇居正門前に鎮座する楠木正成像から、上野山王台の西郷隆盛像に向かって、一本の線を引いてみてほしい。その線の、ほぼ真上に、将門塚が位置するはずである。何か見えない力が働いた結果なのであろうか。

高村光雲の上野戦争回顧談

ところで、西郷隆盛の銅像は、どのようにして制作されたのだろう。まず、作者の高村光雲《こううん》（一八五二―一九三四）について説明する。

光雲は江戸の下谷《したや》生まれで、旧姓は中島、幼名は光蔵《みつぞう》だった。仏師の高村東雲に師事し、技量に秀でていたため、後に東雲の姉悦《えつ》の養子になる。当時、木彫界は衰退の一途をたどっていたが、光雲は日本古来の伝統を守り、精進を続けていった。

明治二十二年（一八八九）の東京美術学校の開校に際して、岡倉天心の推挙で美術学校に勤め、翌年には三十八歳で教授になった。近代木彫の祖として活躍し、明治彫刻界の重鎮と評された。詩集『道程』『智恵子抄』を代表作に持つ、詩人・彫刻家の高村光太郎はその長男である。

明治維新のとき、高村光雲は十六歳だった。そして、寛永寺に立てこもる彰義隊を、官軍が攻撃した上野戦争を目撃している。光雲の著書『幕末維新懐古談』の一節、「上野戦争当時のことなど」を引用する。庶民の目から見た、戦いの様子が淡々と描かれ、末尾で面白いエピソードが披露される。

「慶応四年辰年の五月十五日、私の十七の時、上野の戦争がありました。十時頃とも思う時分、上野の山の中から真黒な焔が巻き上がって雨気を含んだ風と一緒に渦巻いている中、それが割れると火が見えて来ました。後で、知ったことですが、これは（根本）中堂へ火が掛かったのであって、ちょうどその時戦争の酣《たけなわ》な時であったのであります。

榊原の下屋敷、今の岩崎の別荘の高台から、上野の山の横ッ腹へ、中堂を目標に打ち込んだ大砲が彰義隊の致命傷となったのだといいます。彰義隊は苦戦奮闘したけれども、とうとう勝てず、散々に落ちて行き、昼過ぎには戦が歇《や》みました。

その戦後の状態がまた大変で、三枚橋の辺から黒門あたりに死屍《しし》が累々《るいるい》としている。私も戦争がやんだというので早速出掛けて行きましたが、二つ三つ無惨な死骸を見ると、もう嫌な気がして引っ返しました」

「山の上では今常磐《ときわ》花壇のある所は日吉山王の社で、総彫り物総金の立派なお宮が建っていました。その前の崖の上が清水堂、左に鐘楼堂《しようろうどう》。法華堂、常行堂《じようぎようどう》が左右にあって中央は通路を跨《また》いで橋が掛かり、これを潜って中堂がありました。此所《ここ》が山中景色第一の所でした。

この辺一帯をかけて、その戦後の惨景は目も当てられず、戦い歇《や》んで昼過ぎ、騒ぎは一段落附いたようなものの、それからまた一騒ぎ起ったというのは、跡見物に出掛けた市民で、各自に刺子《さしこ》袢纏《ばんてん》など着込んで押して行き、非常な雑踏。するとたちまち人心は恐ろしいもので慾張り出したのであります。

群集の者は、上野の山の中へ押し込んで行き、お寺の中へ籠《こ》み入って、寺中の坊さんたちの袈裟衣《けさごろも》や、本堂の仏像、舎利塔などを担ぎ出して、我がちに得物とする。たちまち境内のお寺は残らず空ッぽとなり、金属のものは勾欄《こうらん》の金具や、擬宝珠《ぎぼし》の頭などを奪って行くという騒ぎで、実に散々な体たらく。暫くこの騒ぎのまま、日は暮れ、夜に入り、市民は等しく不安な思いで警戒したことであった」

「上野の戦争といっても、私が目撃したことは右の通り位のもので、戦争の実況などは分りはしませんが、後年知ったことで、当時御成街道《おなりかいどう》を真正面から官兵を指揮して黒門口を攻撃したのは西郷従道《さいごうつぐみち》さんであったといいます。

これは私が先年、大西郷の銅像を製作した際、松方（正義）侯の晩餐に招かれて行きましたが、その席に大山（巌）、樺山（資紀）、西郷（従道）など薩州出身の大官連が出席しておられ、食卓に着きいろいろの話の中、当時のことを語られているのを聞いていると、お国訛《くになま》りのことで、能くは聞き取れませんが、おいどんが、どうとか、西郷従道侯の物語りに、御成街道から進撃した由を承りました」

西郷従道は隆盛の実弟である。隆盛が西南戦争で敗死すると、兄に代わって薩摩閥の重鎮となった。御成街道は徳川将軍が寛永寺にお参りするとき通った街道で、その先に御成門と黒門があった。

原型づくりに六年

薩摩出身の海軍大臣樺山資紀《かばやますけのり》らは、明治二十五年（一八九二）の夏、東京美術学校（現、東京藝術大学）に、西郷隆盛像の制作を依頼した。美術学校は、銅像の原型を高村光雲、鋳造を岡崎雪声《せっせい》、台座を塚本靖の担当として、同年十一月から制作を開始し、三十一年（一八九八）十一月に完成させた。実に六年もの期間がかかっている。

岡崎雪声は『国民新聞』に、次のように語っている。

「美術学校がその製作いっさいを請負しは、確か二十五年の夏と覚ゆ。しかして最初、木彫部において模型を製作し、余の手に渡りしは、ようやく昨三十年三、四月の候にして、完成せしは本年五月二十五日」

要するに、木彫で原型をつくる作業に、高村光雲が五年近くを費やした、と打ち明けている。

原型づくりが難航したのは、まず西郷の写真が残っていなかったからだ。このため、光雲は、イタリアの画家キヨソーネの描いた西郷の肖像画や、弟の西郷従道の写真を参考にして、西郷像の顔を十数回もつくったという。

また、西郷をどんな姿にするかにも苦心した。最初は陸軍大将の軍服姿だったが、途中から兎《うさぎ》狩りの現在の姿に落ち着いた。

光雲の長男、高村光太郎は、『回想録』に当時の様子を記している。

「西郷さんの像の方は、学校の庭の運動場の所に小屋を拵《こさ》え、木型を多勢で作った。私は小学校の往還《いきかえ》りに彼処《あそこ》を通るので、始終立寄って見ていた。

あの像は、南洲《なんしゆう》を知っているという顕官《けんかん》が沢山いるので、いろんな人が見に来て皆自分が接した南洲の風貌を主張したらしい。

伊藤（博文）さんなどは陸軍大将の服装がいいと言ったが、海軍大臣をしていた樺山さんは、鹿児島に帰って狩をしているところがいい、南洲の真骨頂はそういう所にあるという意見を頑張って曲げないので結局そこに落ちついた。南洲の腰に差してあるのは餌物を捕る罠である。樺山さんが彼処で大きな声で怒鳴りながら指図していたのを覚えている。

原型を作る時間は随分かかる。小さいのから二度位に伸ばすのである。サゲフリを下げて木割にし、小さい部分から伸ばしてゆく。そして寄木にして段々に積み上げながら拵えたものだ。山田鬼斎さん、新海（竹太郎）さんなどいろいろな先生が手伝っていた」

兎狩りの姿

西郷像が完成して、上野の山王台で除幕式が行われたのは、明治三十一年（一八九八）十二月十八日。西郷は、浴衣《ゆかた》を無造作に着流し、脇差しと兎罠《うさぎわな》を帯に差し挟み、草履《ぞうり》をはいて、兎狩りに出かける姿である。

連れているのはお気に入りの「ツン」。銅像作成時は死んでいたため、海軍中将仁礼《にれ》景範《かげのり》の飼い犬をモデルにして、後藤貞行が制作した。

西郷は身長百八十センチ、体重百四十キロを超える偉丈夫《いじょうふ》だったとされる。銅像の西郷も、高さ三百七十センチ、胸周り二百五十七センチ、重さ八十トンとたくましい。

除幕式に招かれた西郷夫人の糸子は、「うちの主人は、浴衣姿で散歩なんてしなかった」と話したとされる。確かに、故人を顕彰する銅像の多くが、正装で威厳に満ちたものであるのに対し、西郷の銅像は明治維新の元勲のものとしては、庶民的に過ぎる装いである。

西郷隆盛像（高村光雲作）

しかし、西郷はこの姿に満足しているに違いない。それは、『西郷南洲翁遺訓集』に次のような一項目があるからだ。

「南洲翁に従って、犬を連れて兎を追い、山や谷を歩いて一日中狩り暮らした後、田舎の宿に泊まったことがあった。さっそく風呂に入って、身も心も爽快になったとき、南洲翁は悠然として申された。『君子の心はいつもこのように、さわやかなものであろうと思う』、と」（第四十ヶ条、現代訳）

西郷を慕って鹿児島を訪れた旧庄内藩（山形県）の人たちと、野に出て兎狩りをした夜、西郷は「君子の心」を語ったというのである。命もいらない、名もいらない、官位も金もいらない。そんな西郷にとっては、飾らない姿こそが本望であろう。また、庶民的な西郷像であったからこそ、東京の人々も何の抵抗感もなく受け入れた。

日本三大銅像

大村益次郎、西郷隆盛、楠木正成の銅像は、「日本三大銅像」とも「東京三大銅像」とも称される。

日本で洋式技術による銅像第一号となったのは、明治二十六年（一八九三）二月、招魂社《しょうこんしゃ》（現、靖国神社）に完成した、大村益次郎（一八二四―六九）の銅像である。陣羽織を着け、両刀を帯び、左手に双眼鏡を持つ、出陣の出で立ちである。作者は大熊氏広。

次いで、西郷隆盛像が、三十一年（一八九八）十二月に完成。さらに、明治三十三年（一九〇〇）、皇居前広場の一隅に、鎧兜に身を包み、馬上の勇姿を見せる楠木正成の銅像が完成した。作者はこれも高村光雲。

そして、明治三十七年（一九〇四）二月から翌三十八年九月まで戦われた、日露戦争の勝利後に、銅像ブームが起こり、特に軍人像が多くつくられた。

このような世相を反映して、明治四十四年（一九一一）、東京の文盛館から『東京銅像唱歌』が出版された。

収録されたのは、大村益次郎、西郷隆盛、楠木正成のほか、軍人（西郷従道海軍大将、仁礼《にれ》景範《かげのり》海軍中将、山田顕義陸軍中将、広瀬武夫中佐、杉野孫七兵曹長）、政府高官（品川弥二郎子爵、川上孫六子爵、後藤象次郎伯爵、大隈重信伯爵）、皇族（有栖川宮熾仁親王、北白川宮能久《よしひさ》親王）、瓜生岩子刀自《うりういわことじ》の十五名である。このうち、瓜生岩子（一八二九―九七）は、日本のナイチンゲールと称讃され、女性初の藍綬褒章《らんじゆほうしよう》を受賞した慈善事業家である。

唱歌は一番から三十五番まである。

一番―七番は楠木正成。

「大君まします　九重《ここのえ》の

雲ゐ《い》にかよふ　二重橋
凱旋道路の　かたはらに
立てるは　楠木正成公」（一番）

正成の銅像の位置は、単に皇居前広場の一隅なのではなく、「凱旋道路」のかたわら、と歌われている。

二十八番—三十二番が西郷隆盛。

「上野の山に　集ひ来る
あまたの人に　仰がれて
空つくばかりの　偉丈夫は
西郷翁よ　老西郷」（二十八番）
「世を王政に　復さんと
天下の志士に　交はりて
身を流したり　大島や
骸《むくろ》を投げたり　筑紫《つくし》潟《がた》」（二十九番）
「勝海舟との　折衝に
千代田の城の　事もなく

王の宮居《みやい》と　なりたるも
翁の績《いさお》に　よれりけり」（三十番）
「征韓論の　合はずして
一旦《いったん》子弟に　擁せられ
西南役を　起《おこ》ししも
赤き心は　人ぞ知る」（三十一番）
「もとの三位を　復せられ
子は侯爵の　栄を受く
今朝鮮が　我が有と
なりしも翁の　素志《こころざし》」（三十二番）

歌詞には西郷の人生が淡々と綴られている。西郷は四十九歳で没したにもかかわらず、「西郷翁」や「老西郷」など、高齢者として描写されている。人生五十年時代の価値観が反映されているのであろう。

三十四番、三十五番は大隈重信。

「学の子らよ　君たちも
天晴《あっぱれ》身を立て　名を揚げて

後の世朽ちぬ　銅像に

残らん程の　人となれ」（三十五番）

早稲田大学の学生たちは、「末は博士か大臣か」ではなく、「銅像を残すような人になれ」とハッパをかけられている。

以上で、西郷像がなぜ上野の山王台に建てられたのか、さらには西郷隆盛の御霊がなぜ平将門および太田道灌の御霊と匹敵する存在になったのか、おおむね明らかになった。

将門の御霊は「祟ると恐い」、道灌は「尊敬すべき先達」。西郷の御霊は何に例えるべきだろう。作家の津本陽は著書『巨眼の男西郷隆盛』で、「この男の眼は、遠く日本の行く末を見ている」と評した。それを借りて、「大きな目の西郷さん」と改めよう。山王台に立つ西郷は、まさしく、東京の行く末を見守っているかのようである。

第七章　東京都庁舎を巡る『点と線』

建築史家の藤森照信《てるのぶ》によると、丹下健三の建築デザインには、「軸線の強調、記念碑性の演出、分散配置の活用」などの特徴がある。

同氏のデビュー作「大東亜建設忠霊神域計画」は、皇居を出発し、大東亜道路および大東亜鉄道という二本の「主軸」を経て、富士山麓の神域に立つ護国神社に至ろうとする計画であった。よって、実質的なフィナーレ作となった「東京都新宿庁舎」において、逆に、富士山から出発した「軸線」が、新宿庁舎および丸の内庁舎を経て、ついには皇居に至るなら、丹下作品として有り得べき大団円となる。

すでに触れたように、富士山から、東京都新宿庁舎の第一本庁舎にある北塔と南塔の中間あたりに向けて直線を引き、そのまま線を先（北東）に延ばすと、やがて上野公園の山王台に立つ西郷隆盛の銅像にたどり着く。

銅像の台座は南を正面とし、西郷の身体はほぼ南に向いて立つ。さて、「大きな目の西郷さん」は、いったい何を見ているのだろう。

西郷像から見て右手から正面の方向、すなわち西から南にかけて、西郷にとって思い出の深い場所が多い。はるか遠方を見渡すと、富士山の向こうは、懐かしの鹿児島である。都心に目を向けると、天皇が住まう皇居が見える。また、ほぼ南方に、東海道があり、薩摩藩上屋敷跡（三田の慶應義塾大学付近）があり、薩摩藩蔵屋敷跡（田町駅の付近）がある。西郷と幕臣の勝海舟が、江戸城の無血開城を決める会談を行ったのは、この蔵屋敷である。そして、すぐ間近には、上野戦争で薩摩兵が苦戦を強いられた、黒門の跡がある。

しかしながら、西郷像はそのすべてから目を背け、愛犬のツンとともに、視線をなぜか東南の方角に向けている。これでは、まるで逆である。

作家の森まゆみも、著書『彰義隊遺聞《いぶん》』で、「西郷隆盛は慶応四年旧暦五月十五日のその日、湯島台にあって、上野の山に向かって戦いの陣頭指揮をしていたはずである」と指摘し、「像の向きは逆ではないのか」と続ける。

不完全な『点と線』

西郷像はなぜ南西を向かないのか。それは、南西に皇居があるからであろう。鑑《かんが》みるに、明治二十五年（一八九二）には、皇居の正門前に西郷像を設置したいとする要望が取り消された事実がある。その後の大赦で罪が許されたとはいえ、一度は逆賊の身になった西郷が、天皇に視線を向けるような行為はやはり遠慮せざるを得ないのである。
これに対して、視線を東南に向けた理由は、高村光雲の遊び心にあったのではないか。西郷は兎狩りの出で立ちである。兎《うさぎ》は十二支では卯《う》。その卯は、方角では東になる。したがって、兎の姿を探して、東から南の方向を見渡すのは、ひとつの道理になる。
ただし、丹下作品を特徴づける軸線を探す立場に立つと、西郷の視線が東南に向いている事実は、かなり厄介な事態を招いてしまう。
それは、昭和三十二年（一九五七）に完成した、丹下設計の東京都丸の内庁舎が、西郷像から見て、ほぼ南南西の方角に位置したからである。そして、丸の内庁舎の外側には、彫刻家の朝倉文夫（一八八三―一九六四）が制作した太田道灌の銅像が立ち、皇居（江戸城）の方向に視線を向けていた。
仮定の話ではあるが、西郷像が南西に視線を向けていれば、次のような『点と線』の構図が成立するはずであった。
一本目の軸線。富士山→東京都新宿庁舎→西郷隆盛像
二本目の軸線。西郷隆盛像→（旧東京都丸の内庁舎の外側）太田道灌像
三本目の軸線。太田道灌像→皇居
すなわち、富士山から延びた軸線は、丹下健三設計の東京都新宿庁舎を経て、上野公園の

山王台に立つ西郷隆盛像に到達。さらに、西郷像から、やはり丹下設計の東京都丸の内庁舎の外側に立つ太田道灌像を経て、皇居に至っていたことになる。

しかし、誠に遺憾なことに、西郷像は東南に視線を向けているために、その「大きな目」で道灌像を見ることはできない。要するに、二本目の軸線は成立していないのである。

そもそも、朝倉文夫により道灌像が制作されたきっかけは、太田道灌が康正《こうしょう》二年（一四五六）に江戸城を築城してから、五百年になることを記念するためだった。そして、丸の内庁舎が完成した昭和三十三年（一九五八）に、道灌像が玄関の外側に設置された。

しかし、平成二年（一九九〇）、新宿庁舎の完成にともない、丸の内庁舎は解体された。そして、平成八年（一九九六）、丸の内庁舎の跡地に東京国際フォーラムが完成した時点で、道灌像は

太田道灌像（朝倉文夫作）

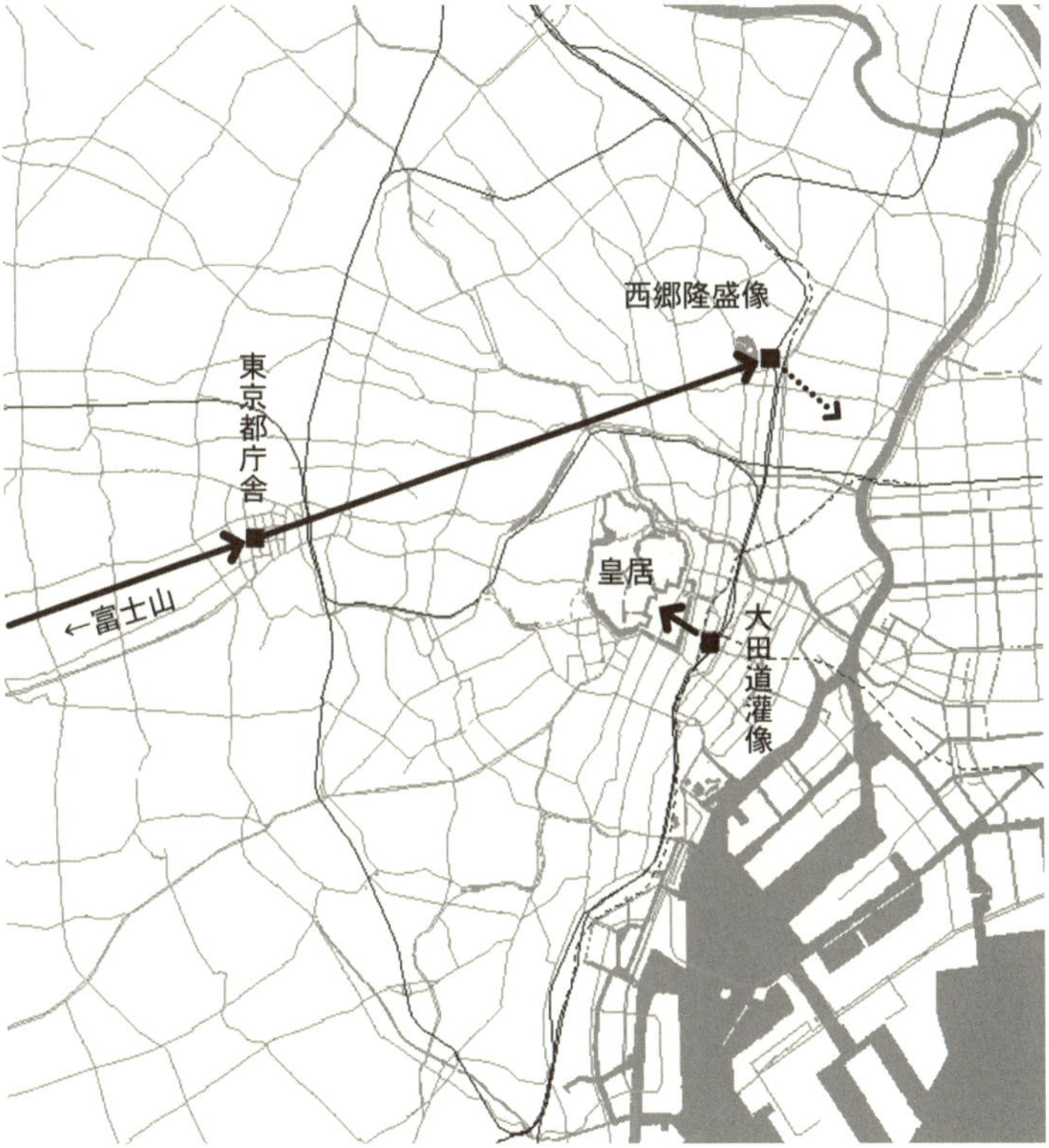

東京都庁舎を巡る不完全な『点と線』

そのガラス棟の内部に移設された。太田道灌は鷹狩《たかが》りの出で立ちで、目深に騎射笠《きしゃがさ》をかぶり、左手に弓矢、右手に矢を携え、厳しい表情で江戸城（皇居）の方向を見据えている。

江戸・東京の歴史を考えたとき、都市づくりに決定的な影響を及ぼした人物は、太田道灌、徳川家康、明治天皇、西郷隆盛であろう。したがって、軸線が、上野山王台の西郷像から、東京国際フォーラム（旧東京都丸の内庁舎跡地）の道灌像に引き継がれて、最終的に皇居（江戸城）に至るのであれば、誰もが納得したはずである。

それにもかかわらず、実際には、西郷像は南西ではなく、東南に視線を向けている。したがって、『点と線』は不完全なまま途中で切れてしまったように見える。

もうひとつの太田道灌像

けれども、江戸・東京の鬼門史において、記念碑性が際立つ上野公園の山王台で、西郷像が「大きな目」を東南に目を向けているからには、何らかの理由があるに違いない。松本清張の推理小説『点と線』で、粘り強く捜査を続けた二人の刑事にならって、推理を再開することにしよう。

探したいのは、西郷像と道灌像との間にある「空白」をつなぐ、何らかの因果関係である。東京国際フォーラムを訪れて、太田道灌の銅像に添えられた碑文を丁寧に読み込む。

「室町時代中期の武将太田道灌（一四三二―八六）は、江戸城を築き、江戸、東京にゆかりの深い人物として知られています。この像は、ここに都庁舎があった昭和三十三年（一九五八）、当地に設置され、長らく都庁のシンボルのひとつとして親しまれてきました。

都庁の移転後、ここが東京国際フォーラムとして新たに生まれ変わったことにともない、平成八年（一九九六）、ゆかりの深いこの地に復帰することになり、以前と同様に、居城であった旧江戸城（皇居）を望んでいます。

製作者である彫刻家の朝倉文夫氏は、第二次大戦中に旧東京市庁舎から撤去、供出された太田道灌像の作者、渡辺長男《おさお》氏の実弟です」

手がかりは碑文の末尾に潜んでいた。朝倉文夫作の太田道灌像が、かつて「東京都庁舎」（丸の内庁舎）に立っていただけではなく、戦前には別の太田道灌像が「旧東京市庁舎」に立っていたというのだ。そして、作者の渡辺長男（一八七四―一九五二）は、朝倉文夫の実兄でもあった。

資料を当たると、彫刻家の渡辺長男は、東京美術学校において高村光太郎と同期である、と分かった。また、『東京銅像唱歌』に収録された、広瀬武夫中佐・杉野孫七兵曹長像の作者でもあった。

判明したのは、それだけではない。明治二十七年（一八九四）に完成したレンガ造の「東京府庁舎」内に、明治三十一年（一八九八）に「東京市庁舎」が開設され、その玄関ホールに、太田道灌像だけではなく、同じく渡辺の制作による「徳川家康像」が陣取っていたのである。

事実を整理するために、簡単な表をつくる。

【太田道灌像と徳川家康像】

東京市庁舎（東京府庁舎内）の玄関ホール内――太田道灌像、徳川家康像（共に渡辺長男作）

東京都丸の内庁舎の玄関の外側――太田道灌像（朝倉文夫作）

東京国際フォーラムのガラス棟内――太田道灌像（朝倉文夫作）

表にすると一目瞭然である。丸の内庁舎が完成したとき、太田道灌像は再生されていたにもかかわらず、徳川家康像は再生されていない。いったい、何があったのだろう。

道灌像と家康像の「応召」

東京市庁舎の玄関ホールに、徳川家康像が設置されたのは大正九年（一九二〇）であり、太田道灌像の設置は大正十三年（一九二四）である。

東京初の銅像となる大村益次郎像が明治二十六年（一八九三）に制作され、日露戦争が終わった明治三十八年（一九〇五）に銅像ブームが発生したのと比べると、家康像と道灌像の制作はずいぶん遅いという印象がある。

「明治政府は旧幕府の匂いのするものを極度に嫌った。だから太田道灌も徳川家康も、銅像をつくらせなかった。江戸・東京の市民感情としては、西郷をつくるなら、勝海舟とか小栗上野介などがあってもよかった。実は、明治末に新日本橋ができたおりも、あそこへ道灌と徳川慶喜の銅像を載せる手はずで、実際に雛形までつくって上野の森で市民に公開までしたが、政府が嫌がってだめだった」（藤森照信・荒俣宏『東京路上博物誌』）

このように政府に嫌われながら、いわば苦労して制作され、東京市庁舎に設置された家康像と道灌像ではあるが、太平洋戦争の勃発《ぼつぱつ》とともに、金属回収という大苦難に見舞われる。

金属回収とは、国内から余分な金属類を探して、武器の製作に役立てようとする、資源の乏しい日本ならではの苦肉の策だ。別に、戦時供出といわれることもある。

開戦三カ月前の昭和十六年（一九四一）八月末に、まず、「金属類回収令」という勅令が公布され、鉄くずなどが集められた。次に、十月末に、内務省、商工省、文部省の通牒により、国宝、重要美術品、史蹟名勝指定地に欠かせない物を除いて、銅像にも「動員」がかかった。さらに、昭和十八年になると、商工省に金属回収本部を設置して、回収作業を強化したため、新聞には「銅像大挙して応召《おうしょう》」などの見出しが掲げられた。

前田重夫『銅像に見る日本の歴史』は、全国の銅像九百四十四基のうち、回収を免れたものは、わずか六十一基だったとする。残ったのは、皇室関係、神像仏像など信仰の対象物、国民に崇敬された西郷隆盛像や楠木正成像など。一方、最大の被害を受けたのは、各地の学校にあった二宮金次郎像である。

この金属回収策により、昭和十八年に、東京市庁舎から道灌像と家康像も「応召」。それまでは、市庁舎玄関ホールの階段を登った場所に、玄関から見て左側に家康像、右側に道灌像が陣取っていたが、一台の馬車に乗せられ、どこかに運び去られたのである。

柴田葵「建築移転時におけるパブリック・アートの運命―東京都庁移転の場合」によると、市庁舎には、家康像と道灌像の代わりに、石膏のレプリカ（複製品）が設置されたものの、昭和二十年（一九四五）の東京大空襲により焼失したという。

江戸東京博物館の新家康像

一緒に回収され、溶かされた家康像と道灌像ではあるが、戦後になって運命を異にした。新「太田道灌像」が朝倉文夫によって制作され、昭和三十三年（一九五八）に丸の内庁舎の玄関前に陣取ったのに対し、新「徳川家康像」はどういうわけか制作されなかった。

しかし、平成二年（一九九〇）、東京都新宿庁舎が完成したことにともなって、新しい事態が訪れる。都議会議員および都民有志から、「新たに徳川家康の像を制作して、丸の内庁舎にある太田道灌像とともに、新宿の新庁舎に設置すべき」、という主張がなされたのである。

けれども、当時の鈴木俊一都知事は、新宿庁舎に江戸・東京の始祖である歴史的偉人たちのモニュメント銅像を置くことよりも、すでに選定委員会によって選ばれた現代美術の設置を選択した。

結局、太田道灌像は、「江戸城の築城者であることに鑑みて、皇居の傍らにある、丸の内に残しておいた方がよい」として、丸の内庁舎の跡地にそのまま残留。平成八年（一九九六）になって、東京国際フォーラム内に移設された。

これに対して、新「徳川家康像」は、新道灌像から三十五年遅れの平成五年（一九九三）になって、ようやく再制作。翌平成六年に、両国に建設されたばかりの「江戸東京博物館」の敷地に飾られた。作者は東京藝術大学名誉教授だった山下恒雄。

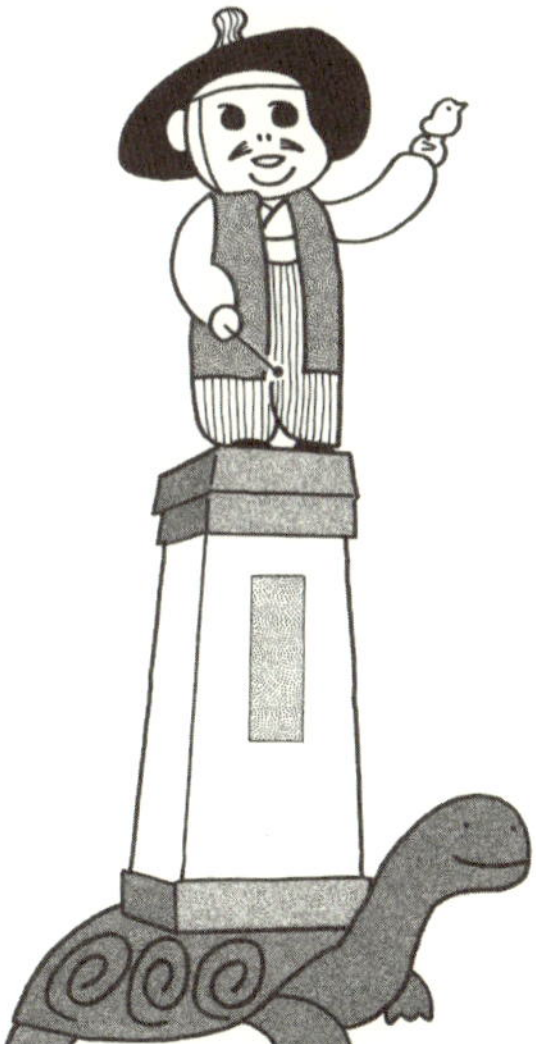

徳川家康像（山下恒雄作）

家康像は鷹狩りに向かう陣羽織姿である。正面(南)に向いて立ち、騎射笠《きしやがさ》をかぶり、左手に鷹を乗せ、視線を有楽町から江戸城(皇居)の一帯に向けている。奇妙なのは台座の構造で、最下部に亀がいて、上部は十五段の石積みである。亀は水の都としての江戸を表現し、十五段の石は江戸幕府が十五代まで続いたことにちなむ、とされる。

つながったミッシングリンク

徳川家康像の再生によって、ミッシングリンク(失われた環《わ》)がつながり、西郷像が東南を向く理由が明らかになった。「大きな目の西郷さん」は、東京の行く末を見守るかのように、やがて家康像が登場するだろう方向に、じっと目を向けていたのである。これで、丹下が設計した、新旧の東京都庁舎を巡る、『点と線』の構図はついに完成した。

【『点と線』の構図】
一本目の軸線　富士山↓東京都新宿庁舎↓西郷隆盛像
二本目の軸線　西郷隆盛像↓(旧東京市庁舎ゆかりの)徳川家康像
三本目の軸線　徳川家康像↓(旧東京都丸の内庁舎跡地)太田道灌像
四本目の軸線　太田道灌像↓皇居(江戸城)

東京都庁舎を巡る完全な『点と線』

富士山から延びた軸線は、丹下健三設計の「東京都新宿庁舎」を経て、上野公園の山王台に立つ西郷隆盛像に到達する。ここは、江戸・東京の鬼門を守る守護神の定位置である。西郷像は東南を向き、その「大きな目」は、江戸東京博物館の構内に立つ、徳川家康の銅像に注がれている。家康像は、かつて旧東京市庁舎に陣取り、太平洋戦争に「応召」し、長く行方不明だったが、平成になってようやく再生された。

家康像の視線の先には、東京国際フォーラム内に身を置く、太田道灌の銅像が立つ。道灌は江戸城を築いた先達であり、東京市庁舎から家康像とともに「応召」した同僚でもある。戦後、道灌像はいち早くよみがえり、初めは丹下設計の東京都丸の内庁舎の玄関前に立ち、丸の内庁舎が解体された後に、東京国際フォーラム内に身を移した。

道灌像がじっと見据えているのは、自らが築城し、後に家康の居城となり、さらに西郷の無血開城により救われ、現在は天皇が住む皇居（江戸城）である。特に思いが強いのは、道灌時代に江戸城の中心部を形成していた、根城（本丸）、中城（二の丸）、外城（三の丸）の方向であろう。このうち、中城（二の丸）には、昭和天皇の意思により誕生した、清々しい「聖なる森」がある。

すなわち、富士山を発した「因果の軸線」は、各所に「分散」した「記念碑」をたどりながら、首都というキャンパスに渦状の線を描き、やがて皇居の「聖なる森」に吸い込まれていくのである。まさに、丹下が持ち味とした、「軸線の強調、分散配置の活用、記念碑性の演出」を、そのまま反映させたかのような雄大な構図になった。

この「因果の軸線」を、親しみを込めて、丹下健三の「不思議な回り道」と呼ぶことにしよう。「回り道」の道筋は、丹下が生きた平成・昭和・大正から、西郷の明治・江戸、家康の江戸・戦国、道灌の室町と、歴史の因果関係を改めて確認するかのように、ゆっくりと時代を遡っている。

最後に、画竜点睛の点として「回り道」を彩るのは、幻の東京都将門塚庁舎の敷地に擬せられた、将門塚で眠る平将門である。

丹下健三が期せずして関わった、富士山、皇居（江戸城）、平将門、太田道灌、徳川家康、西郷隆盛を主役とする「鬼門の物語」は、歴史を遡る「不思議な回り道」を描いたことをもって、ひとまず大団円を迎える。

しかし、「回り道」の物語は、これで完結したわけではない。首都というキャンパスには、驚くことに、東京タワーと東京スカイツリーによって、もうひとつの「不思議な回り道」が描かれている。

換言すれば、昭和天皇による「聖なる森」に誘発されて始まった物語は、丹下健三に「不思議な回り道」を描かせただけでは収まらずに、さらに次の物語につながっていくのである。

そして、天を敬い人を愛する「敬天愛人」の西郷さんは、「大きな目」でそれを見守っている。

第二部を終えて、鬼門を支配する「王者」が登場する、第三部に移らなければならない。

第三部

東京スカイツリーと東京タワー

富士山、東京タワー、東京スカイツリー、筑波山

首都の鬼門に立つ東京スカイツリーと、裏鬼門に立つ東京タワーは、千年の時を超えて「再会」を果たし、人々に幸いをもたらす「幸運の双塔」となる……。世界最古の庭園秘伝書とされる『作庭記』には、このように解釈できる深遠な一節がある。

平安後期に記された同書の予言を手がかりにして、すべての謎を解き終わったとき、新タワーと現タワーの「隠された正体」、および両タワーが「再会」しなければならない理由が明らかになる。

しかし、物語はこれだけでは終わらない。「再会」した二つの電波塔から、皇居の「聖なる森」へ通じる、もうひとつの「不思議な回り道」が存在しているのである。

首都を主舞台とした「鬼門の物語」は、千年もの時間を超え、また現実空間と潜在空間を隔てる「壁」を超えて、どこまでも続いていくかのように思える。

第八章　鬼門の塔、裏鬼門の塔

東京スカイツリー、そして東京タワー。首都を代表する二つの「電波塔」は、皇居の鬼門（北東）と裏鬼門（南西）の方角に、向かい合うように立っている。

高さ六百三十四メートルの東京スカイツリーは、墨田区押上《おしあげ》一丁目に立つ。この土地は、江戸期にはおそらく農地であり、明治三十五年（一九〇二）以降は東武伊勢崎線「業平橋駅《なりひらばし》」の構内だった。この「業平橋駅」は、東京スカイツリーの開業に合わせて、平成二十四年（二〇一二）春、「とうきょうスカイツリー駅」と改称されるのだが、いずれにしても、あたり一帯は、東京最古の寺として鬼門を守り続けてきた、浅草寺の文化圏に属している。

一方、高さ三百三十三メートルの東京タワーは、港区芝公園に立つ。ここは、かつて増上寺《ぞうじょうじ》の寺領に属し、首都の裏鬼門を守る役割を担う地域であった。

二つの電波塔は、なぜ首都の鬼門と裏鬼門に対峙《たいじ》しているのか。その謎を突き詰めていくと、やがて不思議な『予言書』にたどり着く。そこには、おおむね、次のように記されている。

「裏鬼門に立つ東京タワーが、『三尊仏《さんぞんぶつ》の塔』として、鬼門に立つ東京スカイツリーを迎え入れた場合に限って、新タワーは不幸を免れる」
三尊仏とは、「中尊（中心の仏）と左右の脇侍《きようじ》（菩薩）とが三者一組になった仏像」をいう。東京タワーがなぜ「三尊仏の塔」でなければならないのか。実に意外な予言である。

第三部では、二つの電波塔の「隠された正体」を探っていく。ただし、話が複雑に入り組んでいるので、あらかじめ、筋書きを説明しておこう。

まず、二つの電波塔が現在地に建設された理由を知るために、関係する資料を集めて、それを解読する地道な作業を行う。その結果、謎を解くための「六つ」の手がかりを得る。

次いで、推理のプロセスに移り、「六つ」の手がかりのうち「四つ」を使って、東京スカイツリーの「正体」をほぼ突き止める。

しかし、残る「二つ」の手がかりだけでは、どうしても、東京タワーの「正体」を突き止めることができない。すなわち、行く手を大きな壁にはばまれてしまう。

困難な状況を打開してくれたのが、「地霊が息づく歴史的な潜在空間」と「超高層化が進む現実の三次元空間」との間を繋ぐ、不思議な『予言書』である。予言書に導かれるままに、大きな壁を乗り越えて、時間と空間の奥深くに進入し、ついに東京タワーの「正体」を突き止めることに成功。その瞬間に、残っていた「二つ」の手がかりが、何を意味していたのか

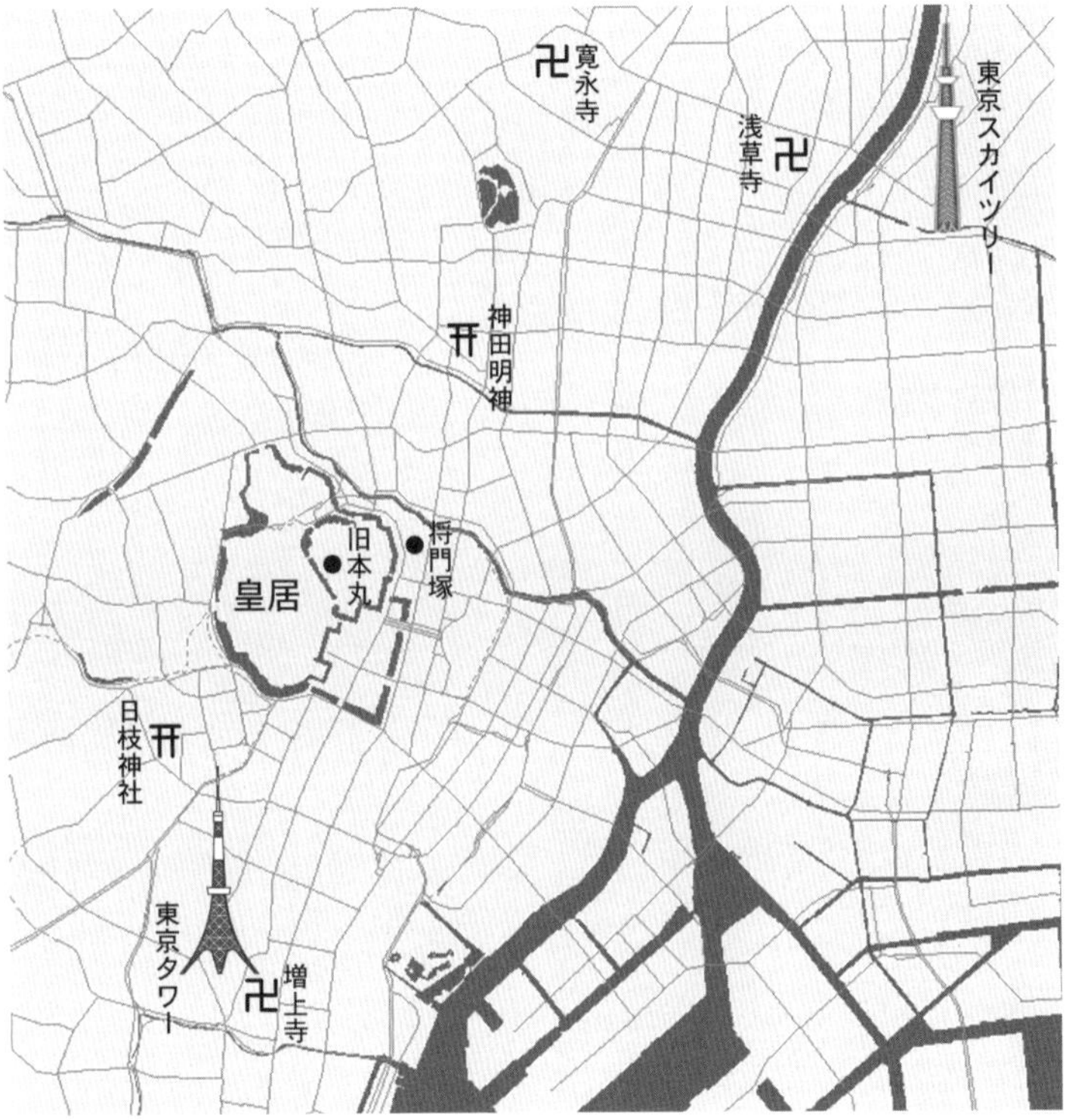

「鬼門の東京スカイツリー」と「裏鬼門の東京タワー」

も判明するのである。

芝公園の楓山

徳川家の菩提寺として栄えた芝の増上寺は、全盛期には境内地が二十万坪を超えていた。広大な敷地には、増上寺の本堂、御霊屋《おたまや》（将軍の霊廟）、関連寺院、念仏道場《ねんぶつどうじょう》、学寮などが立ち並んでいた。そして、「蒼翠《そうすい》の鬱林《うつりん》この地にかぎれり」、すなわち、「ここほど樹木が青々と茂っている地はない」と称される、緑豊かな土地でもあった。

明治維新を迎えて、増上寺は戦乱を免れたものの、相次ぐ苦難に見舞われた。まず、徳川家からの援助が途絶えたこと。次に、公園制度の創設により、境内地のうち十七万坪もが芝公園に指定され、東京府の管理下に置かれたこと。さらに、明治七年（一八七四）の大晦日《おおみそか》に、放火によって本堂が焼失したことだ。

一連の出来事によって、経済的に苦しい立場に追い込まれた増上寺は、収入の確保を目的にして、公園に指定されずに済んだ三万坪の土地を、「貸し地」として政府や民間に貸与することにした。その結果、蒼翠の寺域は、徐々に俗化されていった。

明治十三年（一八八〇）、東京府は、芝公園の「楓山《かえでやま》」を、実業家の子安峻《こやすたかし》らに貸し出した。この土地が後に、東京タワーの建設地となる。

東京タワーのライトアップ

まず、東京タワーのプロフィルをまとめておこう。

【東京タワーの概要】

所在地――港区芝公園四丁目二番八号
高さ――三百三十三メートル
展望台の高さ――百五十メートル、二百五十メートル
構造形式――鉄骨造
開業――昭和三十三年（一九五八）十二月二十三日
設計指導――内藤多仲《ないとうたちゅう》（構造家）
設計――日建設計
施工――竹中工務店

紅葉館の開業

楓山《かえでやま》は、江戸末期まで、金地院《こんちいん》の所有下にあった。この金地院は僧崇伝《すうでん》と関わりの深い寺院である。

徳川家康のブレーンとなった宗教者として、これまで天台宗の僧天海の名前だけを挙げ

たが、正確を期すためには、もうひとり、臨済宗南禅寺派の僧崇伝の名前を付け加える必要がある。天海は日光山や寛永寺を創建して勢力を振るった。これに対して崇伝（一五六九―一六三三）は、寺院法度《じいんはっと》や武家諸法度《ぶけしょはっと》など、寺院や武家を統制するための法令づくりに力を発揮。ほかに、外交政策やキリスト教禁止令にも関与し、「黒衣の宰相」といわれた。

崇伝は、京都の南禅寺金地院に入って修業。南禅寺住職となった後、家康に招かれて駿府（静岡）におもむき、新たに金地院を建立した。元和二年（一六一六）、江戸城の落成にともない、西の丸の「楓山《かえでやま》」に金地院を移し、寛永十年（一六三三）に没するまで楓山に住んだ。要するに、江戸城内に専用の寺院を提供してもらうほどに、徳川家の信頼が厚かったことになる。

崇伝の死後、金地院は江戸城から現在地（港区芝公園三丁目）に移転した。そのとき、江戸城の楓山から紅葉の樹を移植したことにちなんで、芝にも「楓山」が生まれた、と推測される。つまり、芝公園の楓山は、家康に重用された崇伝にゆかりがあり、また江戸城の楓山にもゆかりがある、「箔《はく》が付いた」土地であった。

このように、江戸初期に金地院が所有していた楓山は、江戸後期になって、二段階の手続きを経て増上寺の所有に帰した。増上寺は、楓山を、文化九年（一八一二）に永代借用し、文久元年（一八六一）に購入したのである。しかし、明治に入り、公園制度の創設にともなって、楓山の管理権が増上寺から東京府に移行。さらに、明治十三年（一八八〇）、東京府が楓山を、実業家の子安峻、岩橋轍輔《てつすけ》、小野義眞に貸与した。

楓山は、東斜面を増上寺の側に向け、境内越しに東京湾を望む風光明媚な高台であった。明治十四年（一八八一）、この土地に、会員制の社交施設「紅葉館《こうようかん》」が開業した。建物は和風で、紅葉《もみじ》の装飾を施した豪華な内装と、紅葉をあしらった着物姿の美女たちの接待が売りであった。また、同年中に、茶室が増築されたのに加えて、隣接地には、華族の親睦団体である能楽会により、芝能楽堂が建設された。

紅葉館はすぐに評判になって、政治家、財界人、芸術家などがサロンとして愛用。また、創立者のひとりである子安峻が、読売新聞の初代社長だったことから、読売新聞の宴会の場としても利用された。出入りした客のなかで、特に有名なのが『金色夜叉』の作者、尾崎紅葉《おざきこうよう》（一八六七―一九〇三）である。尾崎の本名は徳太郎。芝中門前に生まれ、楓山の紅葉を愛して、ペンネームを「紅葉」にしたと伝えられる。

明治二十六年（一八九三）、紅葉館は合資会社に移行した。株主は十三名で、社長を定めずに、野邊地尚義《のへじなおよし》が業務担当人として統括。明治、大正、昭和戦前まで大いに賑わった。

和風の社交場、洋風の社交場

少し回り道になるが、紅葉館の建築史的意義について述べておこう。東京府は最初、紅葉館が外国公使などの接待に使用されることを期待した。しかし、実際には、和風建築が外国人の接待に不向きであったためか、使われる例は少なかった。

その結果、紅葉館が建設されてから二年後の明治十六年（一八八三）に、現在の千代田区内幸町一丁目に、洋風建築の「鹿鳴館《ろくめいかん》」が完成した。設計は、イギリス人建築家で、工部大学校（現、東京大学工学部）教師のジョサイア・コンドルである。

「鹿鳴館では、連日連夜のごとく宴会が催され、日本人コックによる西洋料理が出された。また、大広間では、カドリール、ワルツ、ポルカなど、多種多様のダンスが踊られた。ボンネットに駝鳥《だちょう》の羽を飾り、腰がくびれ、裳裾《もすそ》が大きくひらき、ひきずるように長いのを、片手で少しばかり持ち上げて歩く洋装姿の貴婦人たちが、舞踏会を彩った」（『江戸東京学事典』）

鹿鳴館は、外国からの賓客や外交官を接待する社交場として賑わい、西欧化を象徴する存在になった。

これにより、東京の都心に、和風の社交場「紅葉館」と、洋風の社交場「鹿鳴館」が並び立つことになった。両館はそれぞれ日本人向け、外国人向けに使い分けられた。

「明治維新の当初において、日本の社交または迎賓の形態は、旧来のスタイルから大きな変化を見せるものではなかった。これは日本人相互においてのみならず、外国人を対象としても同様の扱いであったと考えられる。つまり旧来からの和風の空間がその役割を担うものであった。

　しかし後には、特に公において、洋風への傾倒が見られるようになる。明治十四年（一八八一）頃がその転機であったと考えられる。

　公の役割を軽減された結果、和風の空間は私的な指向を持ち、邸宅、別荘あるいは料亭等といった用途において顕れることになる。そして、これら私的な指向を持った和風の空間は、茶の湯の影響を強く受けることになる。

　その後、茶の湯の影響を受けた和風の空間、すなわち数寄屋建築が大きく開花するのである。これはまた、この時期が近代における数寄屋建築の出発点を示す、との見方をも導くことができる」（桐浴《きりさこ》邦夫「東京芝公園の紅葉館について―明治期における和風社交施設の研究」）

　すなわち、紅葉館は、私的な指向を持つ、今日に至る数寄屋建築の出発点となる、記念碑的な建物だったことになる。

紅葉館跡地に東京タワー

　昭和二十年（一九四五）、東京大空襲によって、増上寺の本堂、御霊屋などとともに、紅葉館も焼失した。残されたのは大門、三門、御成門、経蔵、方丈の一部、御霊屋の一部などであった。

戦後を迎えて、増上寺の境内は公園指定が解除され、付属寺院の土地も返された。しかし、戦前に別の所有者がいた土地に関しては、返却されないままで、やがて企業などの所有地になり、ビルが建てられていった。増上寺一帯はすっかり変貌した。そして、紅葉館の跡地に、昭和三十三年（一九五八）十二月、東京タワーが開業した。

東京タワーを建設したのは、戦前は「新聞王」、戦後は「メディア王」と呼ばれた大立て者、前田久吉（一八九三―一九八六）である。前田は、大阪の農家に生まれ、大阪市内で新聞販売店を開業し、二十九歳で南大阪新聞（後、大阪新聞）を創刊した。さらに、四十歳のとき、日本工業新聞（現、産経新聞）を創刊し、戦後に同紙の東京進出を実現した。

昭和二十八年（一九五三）には、参議院議員選挙に出馬して当選。議員を務めるかたわら、日本電波塔社長として、昭和三十三年（一九五八）に東京タワーを開設。また、関西テレビ、ラジオ大阪の社長にも就任した。当時、六十五歳である。

東京タワーは、前田久吉によって、なぜ紅葉館の跡地に建てられたのだろう。とりあえず、時代背景を知る必要がある。

日本でテレビ放送が始まったのは、昭和二十八年（一九五三）である。まず、二月一日、NHK東京テレビ局が本放送の先陣を切った。次いで、八月、民間初のテレビ局として、日本テレビ（読売、朝日、毎日新聞社が出資）が開局した。

ＮＨＫが開局したとき、テレビの受信契約数は九百件に満たなかった。しかし、昭和三十年代に入ると、神武景気とともに急速に普及。昭和三十三年（一九五八）に、受信契約はついに百万件を突破した。

そして、翌年、テレビの普及率は一挙に上がり、ＮＨＫ受信契約は二百万件に達した。昭和三十四年（一九五九）四月十日に、明仁皇太子（今上天皇）と正田美智子さんのご成婚式が行われるため、各家庭が結婚パレードを見ようと、この日に備えてテレビを一斉に購入したのである。

前田久吉が東京タワーの建設を考え始めたのは、昭和三十年（一九五五）ころとされる。テレビ局が開設すると、当然ながら、電波を発信するテレビ塔が必要になる。当時、東京には、ＮＨＫ、日本テレビ、ラジオ東京テレビ（現、ＴＢＳ）という既設三局のテレビ塔が立っていた。さらに、ＮＨＫ教育テレビ、富士テレビ（現、フジテレビ）、日本教育テレビ（現、テレビ朝日）の開局が予定されていたため、合わせて六本もの高いテレビ塔が立つことになる。

これでは、東京の空はテレビ塔だらけになってしまうし、羽田空港を発着する航空機の安全性確保の観点からも問題がある。

「昭和三十二年（一九五七）の元旦、ある新聞に、郵政省電波管理局長の浜田成徳《しげのり》が執筆した、新年の夢と題する短い文章が掲載された。六テレビ局の放送塔を一本にまとめ、その塔を高台である北の丸公園あたりに建てる。その鉄塔の高さは五百メートルほどとし、その中間の適当な高所に展望台を設置し、来訪者のための観光用に供し、同時にそこと羽田空港とをモノレールでつなぐというものであった」（鮫島敦『東京タワー50年』）

この寄稿文が、テレビ関係者の間で評判になり、総合電波塔を建設しようとする気運が一気に高まった。そして、各方面から具体的な提案が集まってきた。複数の提案から、どれを採用すべきなのか。判断は電波管理局長の浜田に委ねられた。

「他のテレビ局は、自らが所有する放送局の所在地に電波塔を建てたいと目論むもので、敷地に限界があり道路も狭いため、いろいろ無理な点が生じた。これに対し、前田久吉は東京に放送局を持っていなかったため、電波塔のために最適と思われる土地を選定していた。そこが勝因となった。

選定した土地は芝公園の中の七千坪の土地で、海抜十八メートルという高台にある。芝公園は都心であり、ＮＨＫや民間放送局からも近いという好条件が揃っていた」（同）

前田が選んだ芝公園の土地の大部分は、増上寺の境内地であり、さらに紅葉館の跡地も含まれていた。前田がこの土地を買収できたのは、増上寺の檀家総代に池貝正太郎（二代目）がいたからである。池貝は、工作機械メーカーである池貝鉄工所の社長で、前田とは日本工業新聞を通じて親交があった。そして、前田と増上寺、前田と合資会社紅葉館との間を取り持ち、用地買収がうまくいくように働きかけてくれた。

その揚げ句、かつては読売新聞の創始者である子安峻らが借り受け、やがて所有していた紅葉館の敷地を、産経新聞の創始者である前田久吉が入手するという意外な結末になった。

対の関係性

前田久吉が東京タワーを紅葉館の跡地に建てることができたのは、東京に土地を所有していなかったため、適地を必死に探し回ったからである。その結果、たどり着いたのが、東京の鬼門史において特別の歴史を持つ、芝公園の楓山であった。

東京タワーの建設地である楓山は、いわば「対《つい》の関係性」が際立つ土地でもある。対の関係とは、「二つそろって一組になること」。

一番目は、地名における対の関係である。

そもそも、皇居（江戸城）の楓山と紅葉山、芝公園の楓山と紅葉山の関係は、複雑で分かりにくい。まず、楓はカエデ科カエデ属の落葉高木の総称で、秋に紅葉《こうよう》または黄葉《こうよう》する。よって、楓は紅葉《もみじ》の一部、と考えられる。

次に、皇居（江戸城）西の丸北部の紅葉山《もみじ》である。ここは、徳川以前には「鷲の森」と呼ばれる小高い丘であったが、二代将軍秀忠によって紅葉山東照宮が造営され、紅葉山と呼ばれるようになった。楓山は、その紅葉山の東側にあり、江戸初期に金地院が建てられ、後に書物蔵の楓山文庫が建てられた。

これに対して、増上寺本堂の南西にある高台は、江戸期には金地院にちなんで楓山と呼ばれた。しかし、明治になって紅葉館が開業したり、尾崎紅葉の名前に影響されて、いつの間にか紅葉山とも呼ばれるようになった。すなわち、東京タワーの建設地は、土地の名前からして、楓山あるいは紅葉山という一対《いっつい》の名称を持つ。

二番目に、所有者における対の関係である。江戸期には、初めは金地院が所有し、後に増上寺が所有した。江戸の金地院を開山した崇伝は天海とともに家康のブレーンであったし、増上寺は寛永寺とともに徳川家の菩提寺であった。また、明治以降には、戦前までは読売新聞の創始者らが所有し、戦後には産経新聞の創始者の手に移った。読売新聞・日本テレビグループと、産経新聞・フジテレビグループはライバル関係にある。

三番目が、土地に立つ建造物における対の関係である。明治期において、和風建築の紅葉館は日本人の社交場になったのに対して、洋風建築の鹿鳴館は外国人の社交場になった。さらに、東京タワーはアナログテレビ放送のための電波塔であるのに対して、東京スカイツリーは地上デジタルテレビ放送のための電波塔である。

さて、本章の冒頭で、「二つの電波塔が、なぜ、裏鬼門と鬼門に立つのか」という謎を解くために、「手がかり」を集め、推理を加えていく、と述べた。東京タワーの建設経緯を振り返った段階で、第一の「手がかり」として採用するのは、紅葉館と鹿鳴館、東京タワーと東京スカイツリー、という組み合わせに見られる「対の関係性」である。

また、東京タワーが、六テレビ局の放送塔を一本に束ねる、総合電波塔として建設された事実を、第二の手がかりとする。その意味は、本章を読み進めるにつれて、いずれ明らかになる。

地上デジタル放送の新電波塔

現行の「アナログテレビ放送」は、平成二十三年（二〇一一）七月二十四日までに終了し、以降は「地上デジタルテレビ放送」に移行する。高さ六百三十四メートルの東京スカイツリーは、地上デジタル放送の新たな電波塔で、三百三十三メートルの東京タワーを抜いて、高さ日本一になる。

都心に立つ東京タワーは、周辺を多くの超高層ビルに囲まれ、電波が遮られがちである。これに対して、東京スカイツリーは、東京タワーの二倍近くの高さを有し、周辺に超高層ビルが少ないため、電波環境は著しく改善される。

【東京スカイツリーの概要】
所在地――墨田区押上一丁目一番二号
高さ――六百三十四メートル
展望台の高さ――三百五十メートル、四百五十メートル
構造形式――塔体は鉄骨造、芯柱は鉄筋コンクリート造
竣工予定――平成二十四年（二〇一二）二月
設計――日建設計
デザイン監修――澄川喜一（彫刻家）、安藤忠雄（建築家）
施工――大林組

東京タワーに替わる「新東京タワー」の建設構想は、地上デジタル放送の開始（二〇〇三年十二月）を前にした、二〇〇〇年ころに一度、盛り上がった。当時は、埼玉県与野市（現、さいたま市）、多摩ニュータウン（八王子市）、新宿、秋葉原、上野公園などが建設候補地として名乗りを上げた。また、東京タワーを運営する日本電波塔も、タワーの隣接地に高さ七百七メートルの新タワー建設構想を打ち出した。

東京の鬼門史において、この中で最も注目されるのは、当然のことながら上野公園である。

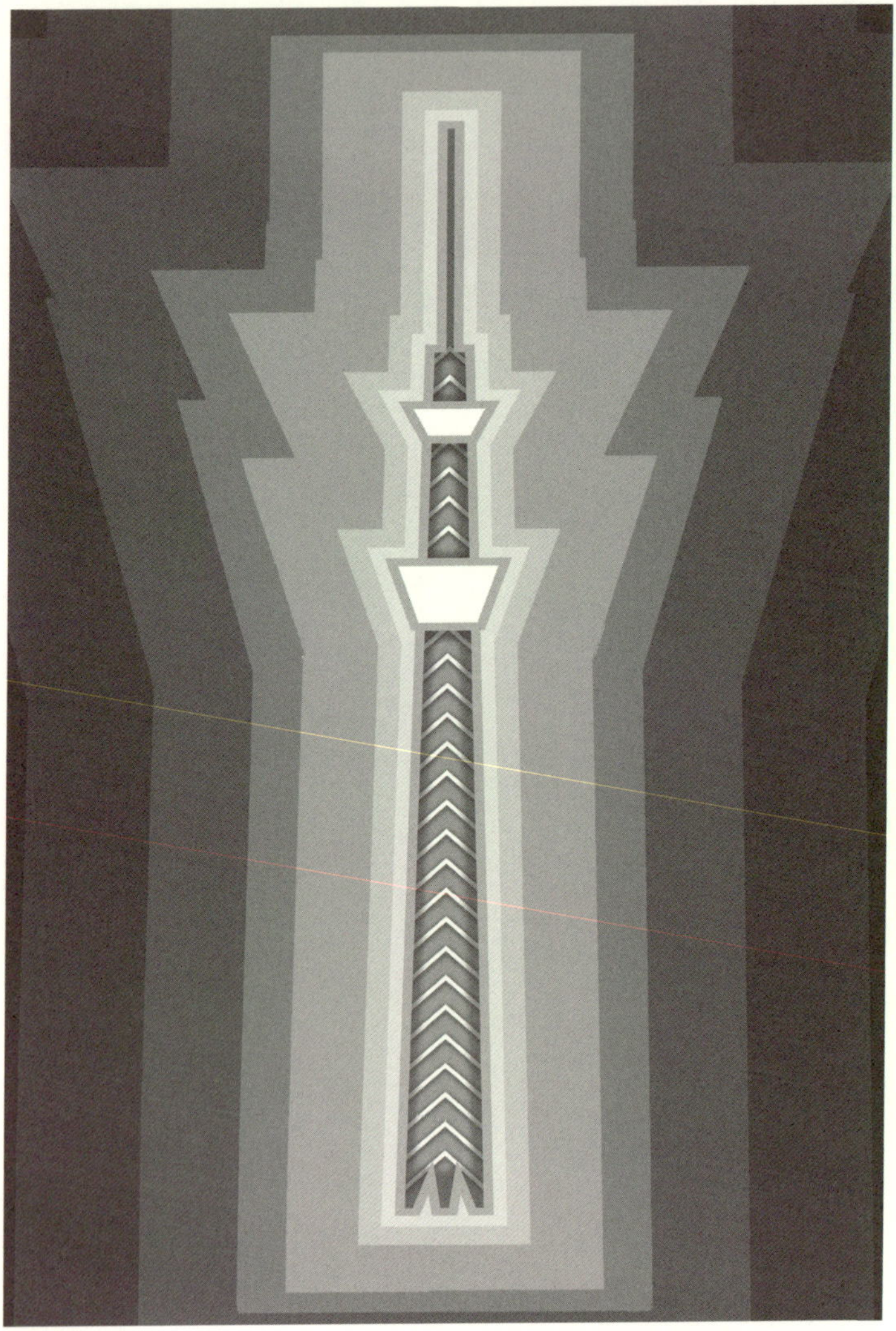

東京スカイツリーのライトアップ

東京都台東区の「新東京タワー・区内建設誘致準備会」が、上野公園の根本中堂跡に、高さ六百メートル超の新タワーを建設する構想であった。仮に、この案が実現すれば、徳川家の菩提寺であり江戸城の裏鬼門を守った増上寺に次いで、同じく徳川家の菩提寺であり江戸城の鬼門を守った寛永寺に電波塔が建設されるわけだから、その巡り合わせが大きな話題になったに違いない。

しかし、話は具体化しないまま、東京タワーに地上デジタル放送用アンテナを追加して、暫定的に対応することになった。

十五地域が誘致に名乗り

平成十五年（二〇〇三）十二月一日。東京、名古屋、大阪で、地上デジタル放送が始まった。それから間もない、十二月十七日。在京放送事業者六社（NHK、日本テレビ、TBS、フジテレビ、テレビ朝日、テレビ東京）が、「新タワー建設推進プロジェクト」を発足させ、六百メートル級電波塔の必要性を改めて表明した。

その最大の理由は、東京タワーの高さに限界を感じたことであった。東京タワーの立つ港区は、都内でも特に超高層ビルが集中している地域であり、徐々にではあるが電波の遮蔽が進行していた。

また、既設のアナログ放送用アンテナが地上三百メートルに位置するのに、新たに設置したばかりの地上デジタル放送用アンテナの位置が、地上二百五十メートルであったことも問題であった。設置する場所に制約があったための、やむを得ない処置ではあるが、高さが低いため深刻なトラブルに至る可能性を否定できなかったのである。

在京放送六社が見解を表明したことで、新タワーの誘致合戦が再燃した。東京二十三区から十四カ所、埼玉県一カ所、計十五カ所もが、誘致に名乗りを上げた。そのなかで有力とされたのは、以下の六地域であった。

【新タワーを誘致した有力な六地域】

さいたま新都心（さいたま市）

としまえん（練馬区）

東池袋・造幣局敷地（豊島区）

舎人《とねり》公園（足立区）

隅田公園（台東区）

押上《おしあげ》・業平《なりひら》橋駅周辺（墨田区）

これら六地域は、皇居の西北および北東の二方向に集中する。特に、隅田公園（台東区）および押上・業平橋駅周辺（墨田区）という、隅田川をはさんで向かい合う二地区の名前が挙がったことが注目される。

なお、東京タワーを運営する日本電波塔によるタワー隣接地への建設案は、航空法の高さ制限を受けるとして、有力六案には残らなかった。

候補地検討委員会の判断

在京放送六社が組織した「候補地検討委員会」（委員長、中村良夫東京工業大学名誉教授）は、平成十七年（二〇〇五）三月、最終的に「押上・業平橋」に軍配を上げた。

まず、検討委員会の基本方針を聞こう。

「六百メートルの電波塔は単なる工業施設で終わらせてはいけない。それは人間の生きる場所としての都市の意味回路を組み替え、蘇生させる大事な演算素子であり、イメージ発生器である。超高タワーの景観はもはや古典的な都市美の規範を超えるであろうが、基幹的な情報インフラのひとつとして道路、水路、緑地、街並みの中に、印象深く組み込まれてほしい。

様々な都市戦略をとることによって、タワーは人々の記憶に長くとどまり、その場所の地霊と交感しながら、やがてそのまわりに次々に物語が結晶してくるに違いない。あらゆる名都が例外なく放っている、こうした神話的な香りにひかれて遠方から人が集まってくる。それが事業としてのタワーの命脈を永くするのである」

次に、選定理由を聞こう。

「台東、墨田の両地区は、首都東京の大きく変化する都市風景の中で、唯一残された江戸伝統文化の継承地であり、京都と並び日本の歴史遺産を国内外に提示できる地域である。タワー事業がトリガーとなって、この地区が新たな日本文化（江戸文化）再発見の観光拠点となって行くことは、東京の長期的なまちづくりにとって大きな意味を持つものであり、事業運営の基盤となると想定しうる。

合わせて、一見災害時の被害が推量されがちなこの地区に、防災機能を装備した施設を構築することは、行政および市民の必要にして有効な施設であり、放送の公共性公益性の側面を支援する重要な拠点ともなる。

新たな展望台となりうる五百メートルの高さからは、遠くの山々だけではなく、東京湾の水面、眼下の隅田川そして行き交う船の動き、さらには荒川、利根川まで望むことができる。つまり、古くは中世の平将門《たいらのまさかど》の時代から、近世江戸初期の利根川の東遷、荒川の西遷を経て営々と築き上げられた江戸の町、近代明治の荒川放水路開墾、そして現代へと続く都市づくりの歴史が読み取れるのである。

また東京の都心から富士山を遠望する構図が、江戸東京博物館に所蔵された約二百年前の鍬形紹真《くわがたつぐさね》の『江戸一目図《ひとめず》』に酷似する様は、新たな物語性を感じさせるところがある」

検討委員会は新タワーと東京タワーの関係にも言及する。

「現・東京タワーは歴史的に見ても国民のシンボル的存在であることは事実である。百五十メートル、二百五十メートルの展望台から見る風景は、都心の活動を望む位置として、東京湾への眺望など、観光拠点として機能する価値を有している。また、テレビ放送以外の様々な電波塔としての機能が残るほか、場合によっては緊急時のバックアップ機能なども期待できると思われる。また建築技術面からも記念碑的存在であり、数年後には文化庁の登録文化財に相当する評価がなされることも十分に考えられる。その意味では、新タワーと現タワーの共存が図れるよう、双方の事業の仕組み、関係構築を考慮されることを希望したい」

検討委員会の答申を長々と引用したのは、謎解きの「手がかり」を、生の状態で収集したかった、ためでもある。答申には、「地霊と交感」「平将門の時代」「富士山を遠望」『江戸一目図』など、鬼門を連想させる言葉が散りばめられている。これを、第三の手がかりとする。また、多くの人が共感するであろう、「新タワーと現タワーの共存」という指摘を、第一の手がかりの追加としたい。第一の手がかりとは、紅葉館と鹿鳴館、東京タワーと東京スカイツリー、という組み合わせに見られる「対の関係性」であった。

さらに、在京放送事業者六社（ＮＨＫ、日本テレビ、ＴＢＳ、フジテレビ、テレビ朝日、テレビ東京）が、新タワー建設を推進した事実を、第二の手がかりの追加とする。
第二の手がかりとは、東京タワーが、六テレビ局の放送塔を一本に束ねる、総合電波塔として建設された事実であった。

コンセプトは「時空を超える」

候補地検討委員会の答申を受け取った墨田区は、平成十七年（二〇〇五）六月、「新タワー誘致に係る報告書」（委員長、小出治東京大学教授）を作成。新タワーのコンセプトを「時空を超える」とした。

「明治二十三年（一八九〇）十一月に開業した浅草の凌雲閣《りょううんかく》（通称、十二階）は当時、東京市中を一望できる最も高い建物であったが、奇しくも、大正十二年（一九二三）の関東大震災で壊れてしまった。

今日の技術力と感性を反映する新タワーは、時空を超えた、凌雲閣の再現と『東京一目図』の新たな提供という面において、大きな経済活力源であり、大きな経済波及効果があると考えられる」

墨田区の報告書に盛り込まれた、「時空を超える」「凌雲閣の再現」『東京一目図』などのコンセプトを、第四の手がかりとする。

また、凌雲閣から南西へ約百メートルの場所に、平将門と特に関係が深い日輪寺があるので、これを第五の手がかりとする。

続いて、平成十八年（二〇〇六）五月、押上・業平橋駅周辺の土地を所有する東武鉄道は、自らが百パーセント出資する「東武タワースカイツリー」を設立。新タワーの建設事業に着手した。

東京スカイツリーの設計は、国内最大手の設計事務所である日建設計が担当。彫刻家の澄川喜一と建築家の安藤忠雄が、デザインを監修した。澄川喜一は島根県出身の彫刻家で、東京藝術大学学長を経て、現在は同名誉教授。彫刻「そりのあるかたち」シリーズで知られる。

新タワーの形状は、日本刀や伝統的日本建築などに見られる、「そり」と「むくり」を意識したゆるやかな曲線で、タワーの頂部から足元に向かって連続的に変化していく。

構造的には、中央に鉄筋コンクリート造の直径八メートルの円筒を配置し、それを鉄骨トラスで外側から包み込む形式。鉄骨トラスの平面形状は、足元が三角形で、頂部に向かって円形へと変化する。

タワーの足元は、三本足の「鼎《かなえ》」で支える。鼎は、古代中国では先祖や天地の神々を祭る際に用いられ、礼器のなかで最も尊ばれ、王権の象徴として重視されたという。

陰陽五行説《いんようごぎょうせつ》によれば、頂部の円形は「木」を象徴し、足元の三角形は「火」を象徴する。

頂部が「木」、足元が「火」、それを大地の「土」が受ける。これは、「木が火を生み、火が土を生む」相生《そうじょう》の関係になる。相生は「吉」である。

また、新タワーの名前は、一般公募によって六つの候補案を選出し、各案に対して一般投票を実施する方式で決められた。六つの候補とは、「東京スカイツリー」「東京ＥＤＯタワー」「ライジングタワー」「みらいタワー」「ゆめみやぐら」「ライジングイーストタワー」であり、最も得票数の多かった東京スカイツリーに決まった。

そして、陰陽五行説によれば、「水は木を生む」とされる。東京低地は水が過剰である。その水を吸い上げて、木《ツリー》が育っていけば、水の過剰は解消されて、洪水の心配がなくなる。したがって、東京スカイツリーという名前は「吉」となる。

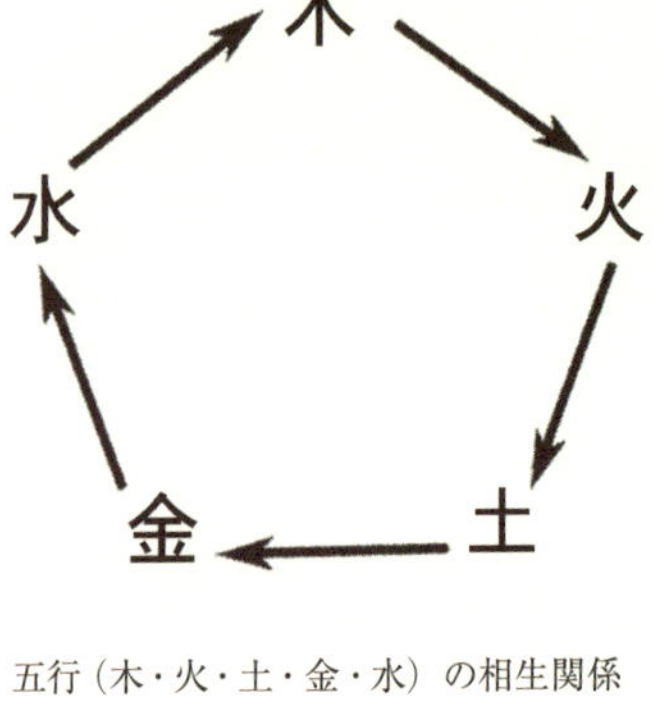

五行（木・火・土・金・水）の相生関係

陰陽五行説とは、天地の現象や人間界の出来事を、「陰《マイナス》と陽《プラス》」という対の概念と、「木・火・土・金・水」という五つの要素の関係で解き明かそうとする世界観である。特に、「気と元素」の関係と変化を観察することによって、天地の変異や人間界の吉凶などを説明する。

東武タワースカイツリー株式会社が、新タワーのデザインや命名に際して、陰陽五行説を意識したとは思えない。しかし、何はともあれ、「吉」という結果が出たのはめでたい話である。これを第六の手がかりとする。

第九章　将門の塔

東京タワーと東京スカイツリーが現在地に建設された経緯を振り返ることで、ようやく、「二つの電波塔の隠された正体」を探るための、六つの手がかりが得られた。

【六つの手がかり】

一、紅葉館と鹿鳴館、東京タワーと東京スカイツリー、という組み合わせに見られる「対《つい》の関係性」。

二、東京タワーと東京スカイツリーは、六テレビ局の放送塔を一本に束ねる、総合電波塔として建設された。

三、東京スカイツリーの敷地に対する、「地霊と交感」「平将門の時代」「富士山を遠望」『江戸一目図』などの評価。

四、東京スカイツリーのコンセプトとなる、「時空を超える」「凌雲閣の再現」『東京一目図』などの言葉。

五、凌雲閣から約百メートルの場所に、平将門と関係が深い日輪寺がある。

六、東京スカイツリーのデザインや名称が、陰陽五行説により「吉」と判断された。

このなかでは、何といっても第三の手がかり、「地霊」「平将門」「富士山」という「鬼門用語」に注目したい。新タワーと平将門の関係を、強く示唆していると受け取れるからである。将門は鬼門を支配し、祟ると恐い存在なので、ある意味では、容易ならざる事態である。しかしながら、第六の手がかりによると、新タワーのデザインや名称は「吉」と判断された。これは、将門の怒りが鎮まったことを、物語っているのだろうか。

いずれにしても、新タワーと平将門の関係を、明白にする必要がある。六つの手がかりをじっと眺め、ある種の予感を抱きつつ、まず、第三『江戸一目図』と第四『東京一目図』の組み合わせに着目する。

新タワー展望台から見る富士山

『江戸一目図』は、江戸中期から後期に生きた浮世絵師、北尾政美《まさよし》（一七六四―一八二四）の作品である。彼は、初めは北尾重政に浮世絵を学び、寛政六年（一七九四）に美作《みまさか》津山藩の御用絵師となった。その後、狩野惟信《これのぶ》の門人となり、以後、鍬形蕙斎《くわがたけいさい》と改名した。ほかに、鍬形紹真《くわがたつぐさね》と呼ばれることもある。鳥観図的な風景画に独自の画境を開き、代表作『江戸一目

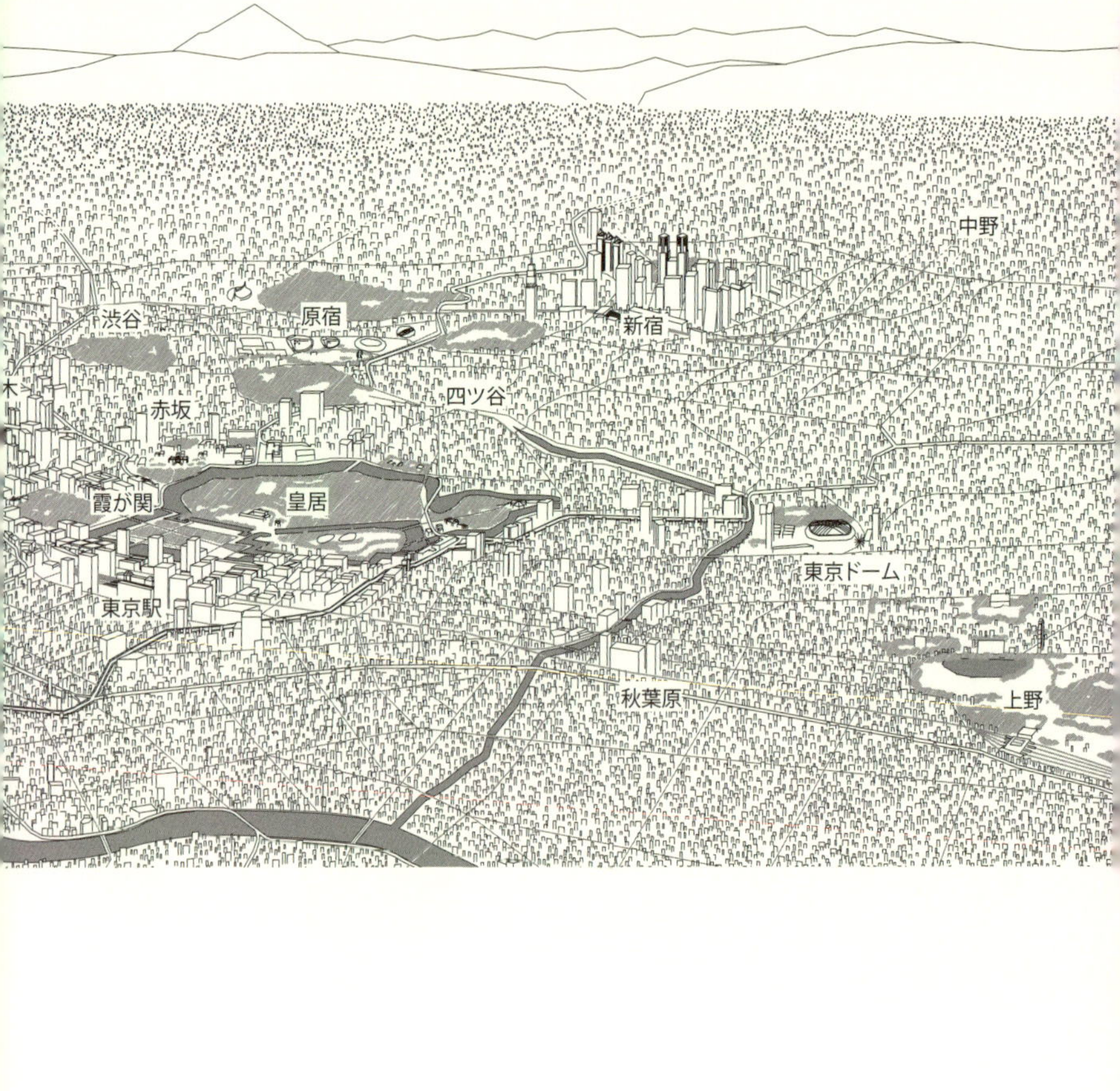
中野
渋谷
原宿
新宿
四ツ谷
木
赤坂
霞が関
皇居
東京ドーム
東京駅
秋葉原
上野

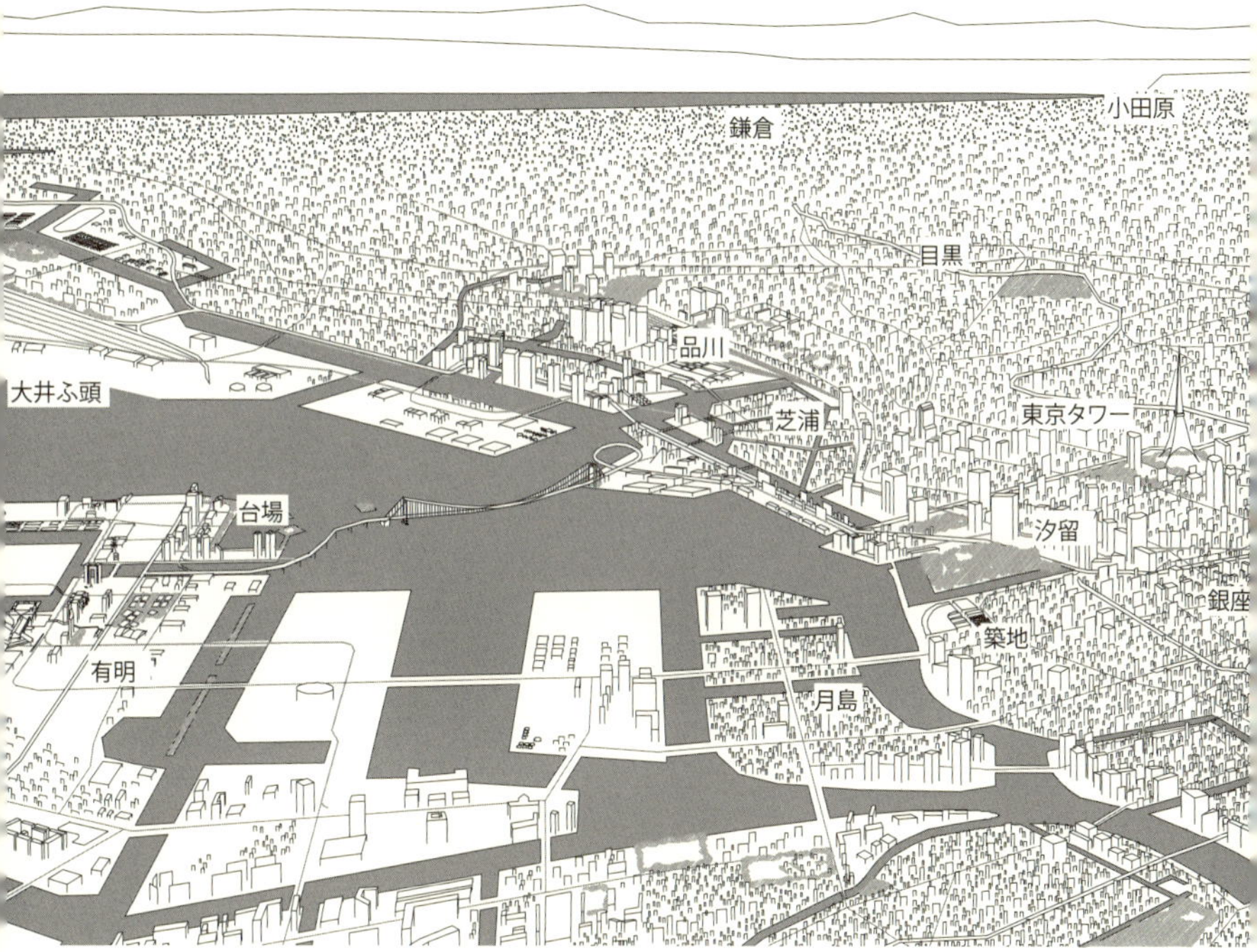

平成版『東京一日図』（作画、金子真由美）

図』で後世に名を残した。鳥観とは、「鳥が空から見おろすように、高い所から広い範囲を見おろすこと」。

この絵は、江戸の東、本所（現、墨田区）の上空から江戸市中を鳥観。手前に隅田川、中央奥に江戸城を置き、遠方に富士山を眺めて、太陽が西に沈もうとする夕暮れの一瞬をとらえている。

『江戸一目図』を見て思うのは、まず、江戸は「水の都」だったという感慨である。隅田川、神田川、江戸城の内濠と外濠、河川の間を結ぶ堀割、江戸湾がありありと描かれ、水上には多くの船が行き来している。次に、樹木の豊かさである。江戸城も、水辺の空間も、寛永寺、増上寺、浅草寺、神田明神、日枝山王社などの寺院や神社も濃い緑に包まれている。そして、「山の手」と「下町」の地形の対比である。「山の手」は起伏に富み坂道が多いのに、「下町」は平坦で、低層の木造家屋がびっしり建て込んでいる。

東京スカイツリーの展望台に登ると、『江戸一目図』とほぼ同じ構図で、ビルが立ち並ぶ現在の東京を眺望できる。それが『東京一目図』（金子真由美作）であり、眺望の主役になるのは、やはり富士山である。

手元に、縮尺五十万分の一の関東全図を用意する。そして、『東京一目図』を思い浮かべながら、東京スカイツリー（墨田区押上一丁目一番二号）から富士山まで一本の線を引く。新タワーを発した直線は、隅田川を渡り、秋葉原駅を横切り、神田駿河台を通り、皇居の北の丸公園をかすめ、明治神宮を突っ切って、富士山に向かって伸びていく。

次に、この直線と、江戸・東京の鬼門史に登場する重要地点との関係を見比べる。富士山に向かう直線が、神田駿河台を通るとき、その右手に神田明神があり、左手には将門塚（千代田区大手町一丁目二番）がある。神田明神には三の宮として平将門命《たいらのまさかどのみこと》が祀られ、将門塚には平将門の御霊が眠る。すなわち、新タワーの展望台から富士山を眺めるとき、視線は必ず将門命と将門霊の間を通ることになる。

これは何を意味するのだろう。東京スカイツリーは、あるいは、「将門の塔」であるのだろうか。

妙見菩薩信仰

次になすべき作業は明白である。残る手がかりを精査して、東京スカイツリーが「将門の塔」であるのかどうかを、見極めなければならない。

念のために、残る手がかりを再掲する。

【残った五つの手がかり】

一、紅葉館と鹿鳴館、東京タワーと東京スカイツリー、という組み合わせに見られる「対の関係性」。
二、東京タワーと東京スカイツリーは、六テレビ局の放送塔を一本に束ねる、総合電波塔として建設された。
四、東京スカイツリーのコンセプトとなる、「時空を超える」「凌雲閣の再現」という言葉。
五、凌雲閣から約百メートルの場所に、平将門と関係が深い日輪寺があること。
六、東京スカイツリーのデザインや名称が、陰陽五行説により「吉」と判断された。

このうち、第二の「六テレビ局の放送塔を一本に束ねる総合電波塔」という手がかりに着目する。平将門について知識を持つ人間ならすぐに気づくのだが、これは「将門伝説」に登場する、「妙見菩薩《みようけんぼさつ》信仰」を暗示する言葉である。「六テレビ局」に「一総合電波塔」を加えると、「七」になるのがポイントになる。

また、第五の手がかりとなる「日輪寺」も、後に詳述するように、「七」にまつわる手がかりとなる。

第二の手がかり、第五の手がかりの意味と背景を説明するためには、いったん歴史を遡って、少し込み入った話をしなければならない。

『平家物語』から発生した異本のひとつに、坂東で生まれた平家物語とも称される、『源平闘諍録《げんぺいとうじょうろく》』という書物がある。これは、平将門の叔父であり、常に将門を擁護し続けた平良文《たいらのよしぶみ》を祖とする、千葉氏の関係者が編纂《へんさん》した軍記物語である。

同書に、将門と妙見菩薩の関わりが記されている。

承平五年（九三五）の夏、伯父であり宿敵でもある平良兼《たいらのよしかね》との合戦中に、将門は一人の童子と遭遇した。この童子は、なぜか、徹底して将門軍を盛り立ててくれるのであった。

将門軍がどうやって河を渡ればいいか思案していると、童子は浅瀬の場所を教えてくれた。将門軍の矢が尽きると、童子は矢を拾ってきてくれた。将門軍が多勢に無勢で疲れ切ってしまうと、代わりに弓を取って戦ってくれた。

この有様を見て、平良兼は「天のはかりごとであろう」と恐れをなして、退却していった。勝ちを得た将門は、童子の前にひざまずいて、「あなたはいかなる方でしょう」と問いかけた。

童子は、「自分は妙見大菩薩である。心が猛く慈悲深い、正直な者を守ることを信条としている。よって、汝を守護した」と告げた。

さらに、「自分は今、上野国《こうづけのくに》の花園という寺にいる。もし、汝《なんじ》に志があれば、速やかに行って自分を迎え奉れ。これからは、汝の笠のしるしに、九曜《くよう》の旗をさせ」と命じた。

しかし、話には先がある。その後、妙見菩薩はなぜか将門を見放して、将門を擁護した叔父の良文へと移ってしまうのだ。

それは、妙見の加護により、将門がわずか五年のうちに坂東八カ国を攻め落としたにもかかわらず、下総国相馬郡《しもうさのくに》に都を建てて、将門親王と号したことを嫌ったからである。すなわち、将門は正直な心を捨てて、神慮を恐れず、朝廷の威光を侵した、と見なされた。

その結果、妙見菩薩は将門の家を出て、村岡五郎良文（平良文）のもとへ移ることにしたのである。妙見菩薩に見捨てられた将門は、天慶三年（九四〇）正月二十二日、天台座主《てんだいざす》尊意の調伏により「紅の血」を流し、やがて滅亡への道をたどることになった。

平貞盛、藤原秀郷との決戦

「紅の血」を流してから約一カ月後の、天慶三年二月二十四日。平将門は、常陸の平貞盛《ひたちたいらのさだもり》および下野の藤原秀郷《しもつけふじわらのひでさと》との戦いに敗れて、戦死する。その様子は、『将門記《しょうもんき》』に描かれている。

『将門記』は戦記文学の草分けとされ、史実としての「将門の乱」を知るためのほぼ唯一の史料である。東国で乱を目撃していたと思われる人物により作成された実録と、平安京の太政官でつくられた官符などの公的資料を駆使した構成になっている。

『将門記』は漢文なので、ここでは、赤城宗徳『平将門』による名訳を引用する。

「この日、北風は、はなはだ急であった。将門軍四百は北にあり、貞盛らの軍二千九百は南にあった。順風にめぐまれた将門の軍に押された秀郷らは、死にものぐるいになってたえたが、颪は猛烈で目もあけられず、たちまち貞盛の中陣は突破され、兵八十人が討ち取られた。戦いの潮合いを心得た将門は、ころ合いを見はからって、轡《くつわ》をつらね、馬を飛ばして突撃した。貞盛、秀郷らの兵は、さんざんに蹴散らされ、北方に退却した。しかし、相手もさるもの。途中で体勢を立てなおし、精兵三百をもって反撃に転じた。

今度は、下野軍が風上の利を得た。貞盛、秀郷らは、このときとばかり、身命をとし、力の限りをつくして闘い、ここで双方乱戦となった。日没近く、将門は、ひとまず本陣に引き上げようと、馬をかえして急いでいた。そのとき、風に乗って飛来した一本の矢は、はっしとばかり将門の右の額《ひたい》に立った。この致命傷では、剛勇無双の彼もなんじょうもってたまるべき、はずみをくらって落馬した。彼が落馬したとみるや、秀郷いち早く駈けよって、その首をあげた」

将門の首は藤原秀郷によって平安京に届けられ、東市の樹にかけて晒《さら》し首とされた。

将門の影武者

平安京の周辺では、朝敵として賊死した将門に向ける視線は、厳しいものであった。しかしながら、時代が経つにつれて、東国武士の世界において、将門は英雄として受け入れられるようになっていく。ひとつには、貴族に替わって武士が台頭。『将門記』に続く、『陸奥話記《むつわき》』『保元《ほうげん》物語』『平治物語』『平家物語』『承久記《じょうきゅうき》』『太平記』などの軍記文学を通じて、武士たちが将門への共感を深めていったからである。さらには、将門の後裔《こうえい》とされる千葉氏、相馬氏、三田氏などの一族が、将門を祖として結束したためでもある。

将門の死後まもなく芽生えた「将門伝説」は、中世になると芸能者や聖《ひじり》と呼ばれる流浪の宗教者たちを通して、各地に伝搬し、特に関東では根強い人気を集めた。

まず、『俵藤太物語《たわらのとうた》』である。俵藤太は、将門を討ち取った藤原秀郷の別名。

「将門はこの世の者とは思えない姿をしていた。身の丈は七尺（二・一メートル）を超え、五体は鉄で覆われ、左の目には瞳が二つあった。また、将門に酷似した六人の影武者が身近にいるため、誰が将門であるのか、見分けられる人はいなかった」

しかし、将門と影武者にも弱点があった。将門の五体は鉄で覆われていたが、唯一、右のこめかみだけが生身で、鉄で覆われていなかった。こめかみは、耳の上、目のわきの、物をかむと動く所である。また、影武者は燈火に向かうと、光を通して、影を生じない特徴があった。この秘密を知って、将門と影武者を正しく識別し、将門本人の右のこめかみを討てば、将門を倒すことができる。俵藤太（藤原秀郷）だけが、それを知っていたとされる。

『俵藤太物語』は影武者が六人いた、とするが、神田明神所蔵の『平新皇将門公御真影（七人影武者尊像）』では、影武者は七人となっている。これは、「将門と影武者六人」を合わせて北斗七星に見立てるか、「将門」を北極星とし「影武者七人」を北斗七星に見立てるかの違いになる。要するに、北斗七星にちなむ「七」という数がポイントになる。

茨城県守谷市の海禅寺には、将門とその影武者七人の墓とされる、古びた八基の石塔が残っている。千葉大学医学部の構内にも、将門の七騎武者の墓とされる七天王塚があり、神木の小枝一本払い落としても「祟《たた》る」とされている。

破軍の星

平将門にまつわる伝説のうち、将門と北斗七星とを関係づけるのが、「妙見菩薩《みょうけんぼさつ》」の存在である。この妙見菩薩が、まず北極星や北斗七星に結びつき、次に「七人の影武者説」または「六人の影武者説」などへとつながっていった。

北半球では、星座の主役は、北の方角の目印になる「北極星」であり、ひしゃく（柄杓、斗）の形に並ぶ「北斗七星」である。ひしゃくの器部分の先端に並ぶ二つの星を結んで、その距離を五倍に伸ばせば、北極星にたどり着くことは、小学校の理科の授業で教わった。

星座のことを、古くは星辰《せいしん》と呼び、そこから「北辰《ほくしん》」という言葉が生まれた。北辰とは、北半球の星座の中心である「北極星」または「北斗七星」を指す。

古代の中国では、北極星は天帝（天の皇帝）と見なされた。天で唯一動くことがない北極星を神格化し、天の皇帝の居場所として崇めたのである。

日本では、北極星だけではなく北斗七星をも神聖なものと考え、さらに仏教思想が流入して、「北辰」と「菩薩」が合体して、「妙見菩薩」と称するようになった。つまりは、誠にややこしいことに、北極星を神格化した妙見菩薩と、北斗七星を神格化した妙見菩薩という、二種類の妙見菩薩が誕生したことになる。この点、『広辞苑』は抜かりなく、妙見菩薩を、「北極星または北斗七星を神格化した菩薩」と明記している。

「妙見」とは「優れた視力、善悪や真理をよく見通す」などの意味になる。妙見菩薩は、国

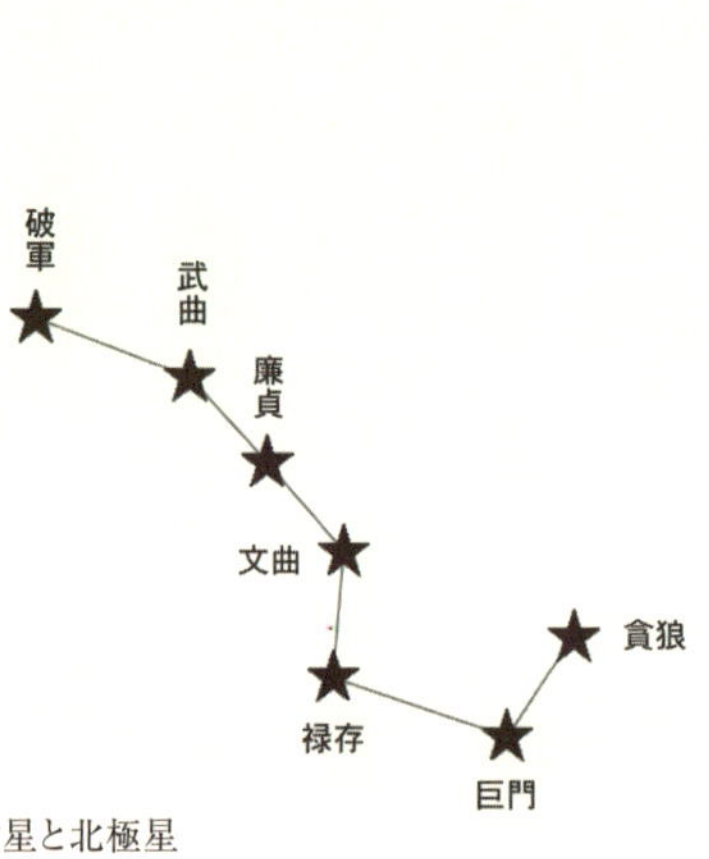

北斗七星と北極星

土を擁護し、災害を滅除し、人の福寿を増すとされる。

話は、次に、北斗七星に結びついて、いっそう複雑になる。天台宗系の密教では、北斗七星の各星に、ひしゃくの器の先端のほうから、貪狼《とんろう》、巨門《きょもん》、禄存《ろくそん》、文曲《もんこく》、廉貞《れんじょう》、武曲《むこく》、破軍《はぐん》という、中国に由来する名前を付けている。このうち、第七星の「破軍」という名前を、しっかりと記憶してもらいたい。

平安期以降、妙見菩薩が武家の守護神として、信仰を集めるようになった。これは、北斗七星のひしゃくの末尾（柄《え》の末端）にある第七星が「破軍」と名付けられ、弓箭《きゅうせん》の神として崇拝されたためである。破軍とは、敵の軍を破ること。弓箭とは、弓と矢を意味し、転じて武士を意味する。北斗七星を逆さに描いた旗を「破軍星旗《はぐんせいき》」と呼び、この旗を背にして戦うと、必ず勝つという故事がある。要するに、妙見菩薩は「破軍」の星を抱えているため、武士の守護神たり得るのである。

以上の結果、妙見菩薩が率いる星々には、二通りのパターンが生じることになる。

一、北極星を神格化した妙見菩薩が、北斗七星（貪狼、巨門、禄存、文曲、廉貞、武曲、破軍）を率いる。

二、北斗七星を神格化した妙見菩薩が、北斗七星（貪狼、巨門、禄存、文曲、廉貞、武曲、破軍）に溶け込む。

この二パターンが、平将門にまつわる影武者伝説に、そっくりそのまま反映される。影武者には「七人説」と「六人説」がある。影武者七人説は、「北極星としての将門」および「北斗七星としての影武者七人」に由来する。これに対して、影武者六人説は、「将門」および「影武者六人」を合わせて、北斗七星に見立てることに由来する。

北斗七星の配置図

将門伝説に関連して、東国各地では、七つ塚、七曜塚、七騎武者、七人影武者、七人組、七人衆、七所神社、七面池、七仏など、北斗七星の「七」にちなむ史蹟が、広く分布している。平成八年（一九九六）、作家の加門七海《かもんななみ》は、著書『平将門魔法陣』において、「東京都内にある将門ゆかりの神社を調べると、北斗七星状の配置になる」とし、二種類の配置図を示した。

筆者はその配置図を参考にし、かつ一部の神社を入れ替えて、新たに「将門ゆかりの寺社―北斗七星の配置図」を作成した。

「北斗七星の配置図」に登場する、七寺社の特徴をまとめておく。

①神田山日輪寺（台東区西浅草三丁目）　鎌倉時代末期の嘉元《かげん》元年（一三〇三）に、時宗の僧真教上人《しんきょうしょうにん》が、武蔵国豊島郡芝崎にある将門塚（現、千代田区大手町）を訪ね、将門の御霊を慰めた。このとき、上人は付近にあった天台宗の日輪寺を、時宗の念仏道場に改め、芝崎道場と称したとされる。

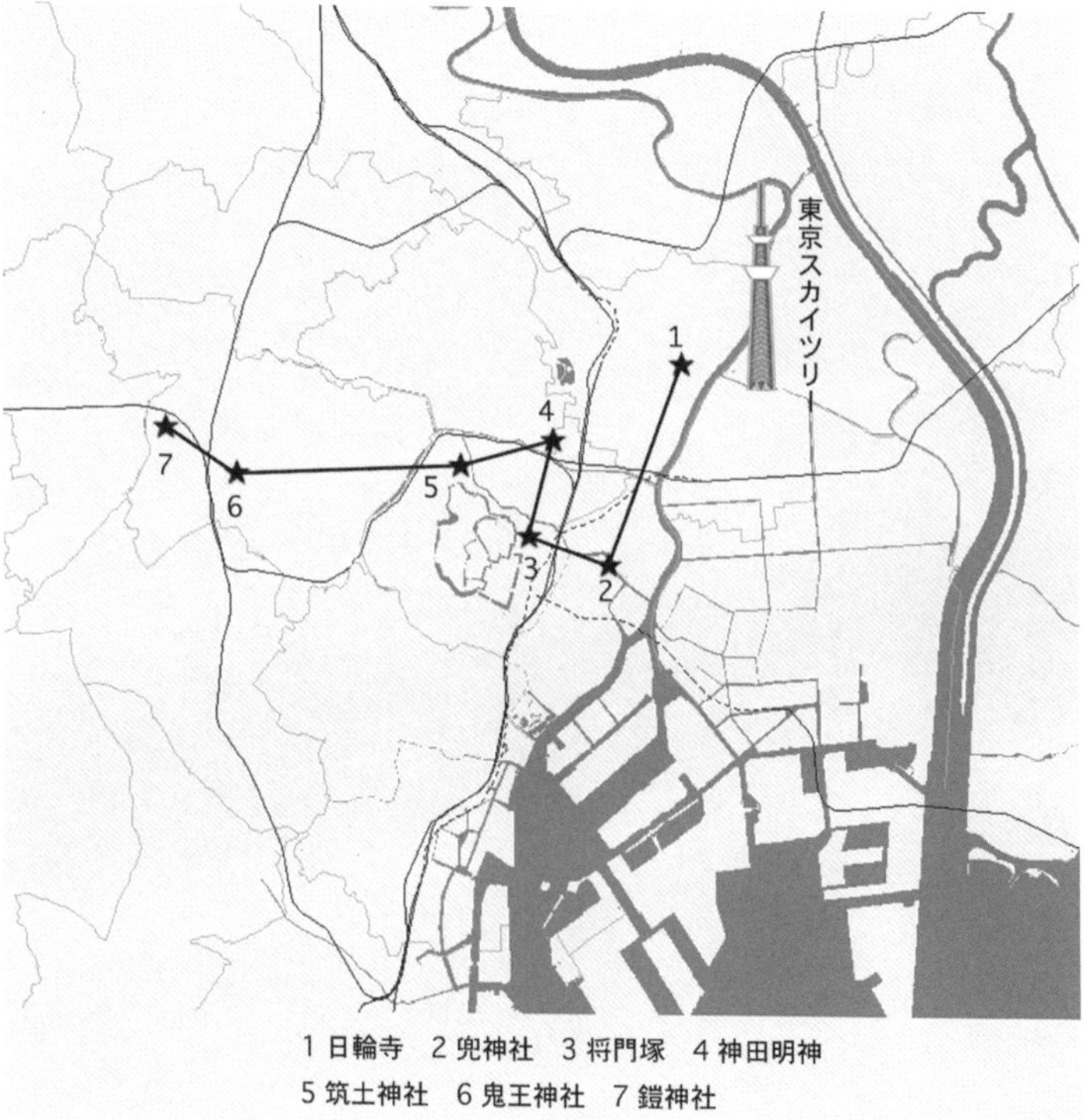

平将門ゆかりの寺社「北斗七星の配置図」

真教上人はまた、延慶二年（一三〇九）に、将門の霊を神田明神に合祀した。このとき、日輪寺を神田山日輪寺と改め、将門の御霊を祀る寺という役割を明確にした。

それから約三百年後の慶長八年（一六〇三）。家康による江戸市街地の埋め立て工事にともなって、日輪寺は、江戸城東側の芝崎から、浅草の芝崎町（現在地）に移転した。

このように、第五の手がかりに挙げた日輪寺は、神田明神と並んで将門と関係の深い寺院として、「北斗七星の配置図」に関わっていたのである。

②兜神社《かぶと》（中央区日本橋兜町一丁目）江戸期には、この地に舞鶴藩上屋敷があり、屋敷の東北の隅に、兜塚《かぶとづか》と鎧稲荷《よろいいなり》が置かれていた。兜塚には、源義家あるいは平将門の兜が埋められたとされる。また、鎧稲荷は平将門を祀ったものと伝わる。維新後、兜塚は神社として創建され、鎧稲荷と合併して、兜神社となった。

③将門塚《まさかどづか》（千代田区大手町一丁目）将門の首と遺体が葬られている。

④神田明神（千代田区外神田二丁目）「三の宮」として将門命《まさかどのみこと》を祀る。

⑤筑土《つくど》神社（千代田区九段北一丁目）平将門を祀る。津久戸明神、江戸明神、田安明神、筑土明神などと呼ばれてきた。将門の首を運んだとされる首桶を所有していたが、太平洋戦争の空襲で焼失した。現在の筑土神社は戦後、新宿区筑土八幡町から現在地に移った。

⑥鬼王神社（新宿区歌舞伎町二丁目）神社の名前は、将門の呼び名、「外都鬼王」から取った

とされる。

⑦鎧《よろい》神社（新宿区北新宿三丁目）　かつて、将門の鎧を祀ったとされる。

「将門ゆかりの寺社―北斗七星の配置図」に、東京スカイツリーの所在地を書き込む。すると、東京スカイツリーが北斗七星を従えて、屹立《きつりつ》するような構図になる。この構図は、将門が「破軍星旗《はぐんせいき》」を背にして立つ姿を連想させる。破軍星旗とは、北斗七星を逆さに描いた旗である。

かつて、将門から妙見菩薩を引き継いだ叔父の平良文は、坂東八平氏のうち、秩父、千葉、相模中村、土肥、上総氏の祖となった。そして、上野国花園村息災寺（現、群馬県高崎市引間町妙見寺）の妙見菩薩を、千葉神社（千葉市中央区）や秩父神社（埼玉県秩父市）などに勧請した、とされる。

秩父の夜祭りで有名な秩父神社は、長く秩父妙見宮と称したが、慶応四年（一八六八）の神仏判然令により、秩父神社という旧社名に復した。同社が頒布した護符には、亀に乗った妙見菩薩の頭上に、北斗七星が輝く光景が描かれている。この図は、まさしく、東京スカイツリーと七寺社の構図を連想させるものだ。

もはや、東京スカイツリーが「将門の塔」であることは、ほぼ確実であろう。しかし、東京タワーの「正体」に関しては、まだ何の情報も得られていない。

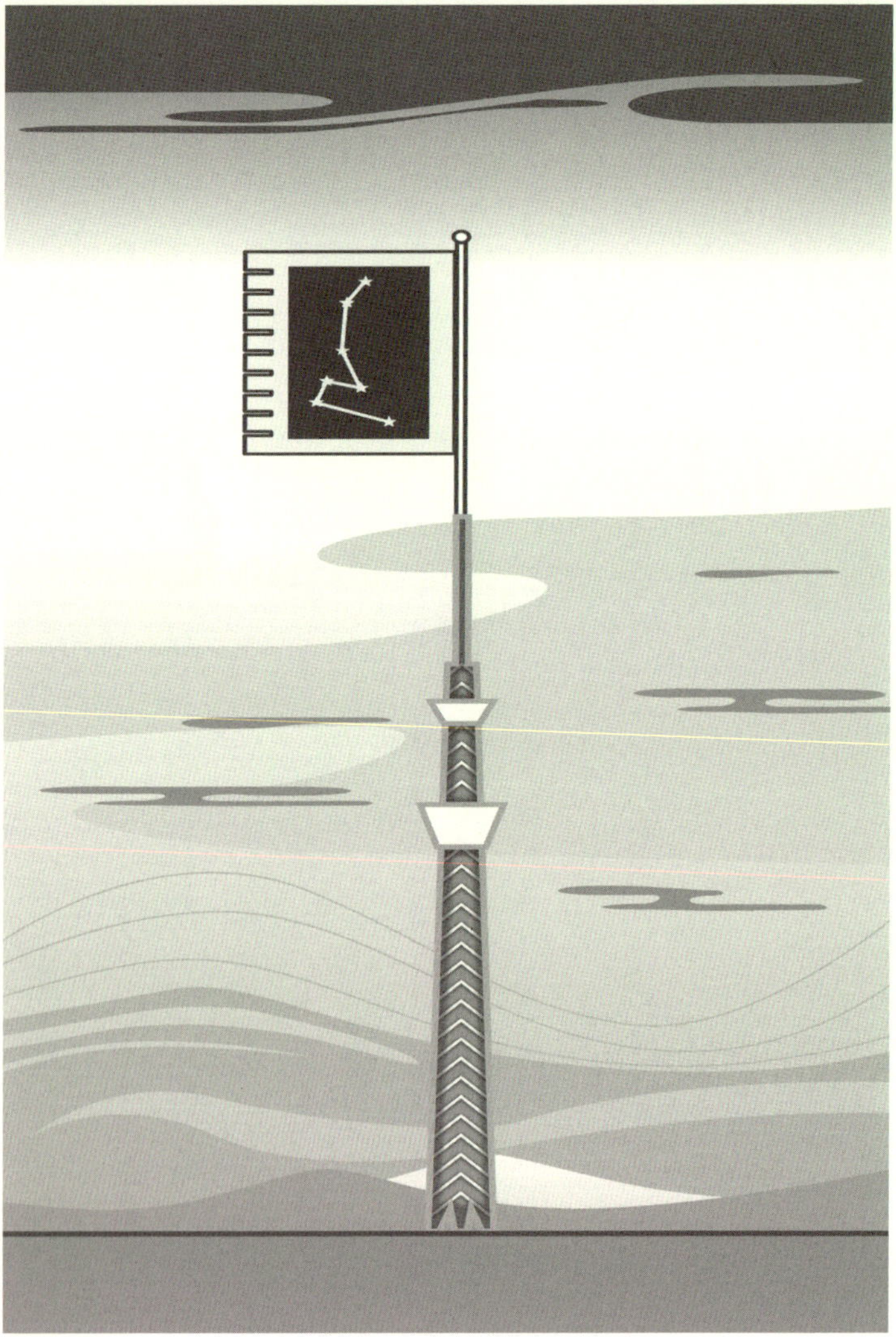

東京スカイツリーと「破軍星旗」

第十章　凌雲閣の悲劇

残る手がかりは三つになった。

【残った三つの手がかり】

一、紅葉館と鹿鳴館、東京タワーと東京スカイツリー、という組み合わせに見られる「対の関係性」。

四、東京スカイツリーのコンセプトとなる、「時空を超える」「凌雲閣《りょううんかく》の再現」という言葉。

六、東京スカイツリーのデザインや名称が、陰陽五行説により「吉」と判断された。

ここでは、迷うことなく、第四の「時空を超える」「凌雲閣の再現」を選択する。それは、かつて凌雲閣が立っていた場所が、「将門ゆかりの寺社—北斗七星の配置図」に示した日輪寺から、ほんの目と鼻の距離にあるだけではなく、東京最古の寺院である浅草寺観音堂にも近接しているからだ。詳しく説明すると、次のような位置関係にある。

日輪寺↓（北東へ約百メートル）↓凌雲閣

凌雲閣

凌雲閣↓（東へ約三百メートル）↓浅草寺観音堂
浅草寺観音堂↓（東南東へ約一・四キロ）↓東京スカイツリー

凌雲閣の敷地は、浅草千束町二丁目三十八番地（現、台東区浅草二丁目十三番・十四番あたり）。現在では、浅草ビューホテルから国際通りをはさんだ東側、花やしきの西側、浅草新劇場の北側、に位置する区画である。

凌雲閣、通称で浅草十二階の開業は、明治二十三年（一八九〇）十一月十一日。相次ぐ不幸に泣かされた建物だった。細馬《ほそま》宏通《ひろみち》『浅草十二階』を主要資料として、その数奇な運命をたどってみよう。

凌雲閣は東京で最初の「高層建築」として建設された。高さは百七十三尺（五十二メートル）。

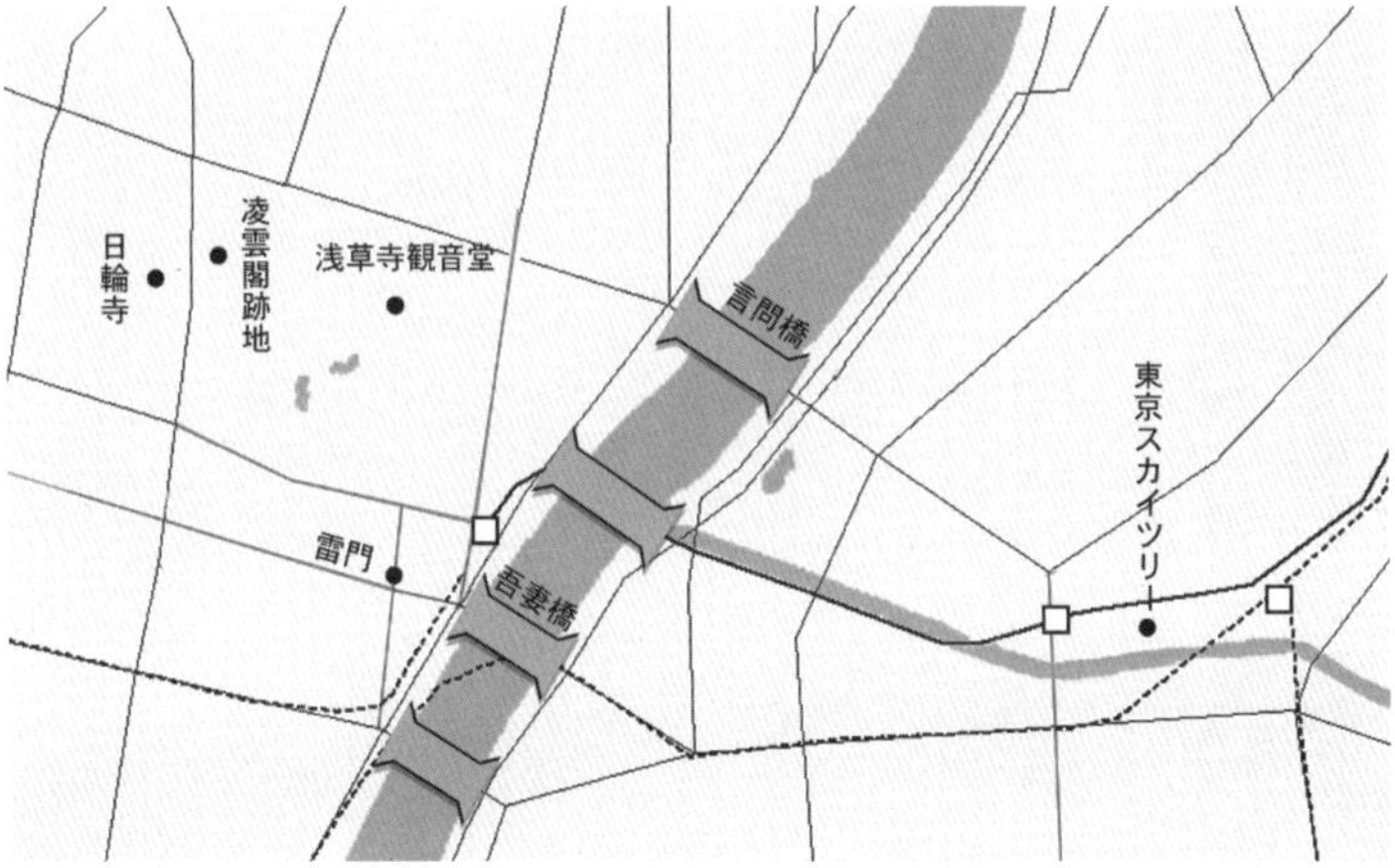

凌雲閣の周辺

十階まではレンガ造、十一階と十二階は木造だった。設計者は、帝国大学工科大学（現、東京大学工学部）のお雇い外国人、ウィリアム・K・バルトン。日本で最初の電動式エレベーターを持ち、最上階の十二階には、望遠鏡が備え付けられていた。

平面は八角形で、内径は一階が十メートルで、十階は九メートル。面積でいうと、下階が八十三平方メートル（約二十五坪）、上階が六十六平方メートル（二十坪）程度になる。平面の中央に二台分のエレベーター室があり、その周囲に店舗が配置され、外壁に沿って階段がつくられた。店舗は各階あたり平均六店舗なので、キオスク程度の広さである。エレベーターは八階止まりで、それより上は徒歩。十一階と十二階には、外を眺めやすいように、バルコニーが付いていた。

前の年（明治二十二年）に、パリにエッフェル塔が完成したばかりだったので、当時の新聞は「浅草にエッフェル大塔」と報じた。けれども、向こうは高さ三百二十四メートル、鉄骨造であるのに対して、こちらは高さ五十二メートル、レンガ造。実際には、比較の対象にはなりにくい。

不幸続きで経営不振に

凌雲閣でエレベーターが稼働したことを記念して、十一月十日は、「エレベーターの日」

に制定されている。しかしながら、凌雲閣のエレベーターは開業直後からたびたび故障を起こした。そのため、半年後の明治二十四年（一八九一）五月下旬に、監督官庁の判断で稼働停止に追い込まれた。これが、最初の不幸だった。しかも、エレベーターが再稼働するのは、驚くことに二十三年後になる。

当時の人々は、何のために凌雲閣を訪れたのか。楽しみの種は、エレベーターに乗り、最上階から景色を眺め、店舗や展示品を見て回ることである。したがって、エレベーターの稼働停止は、極めて大きなハンディになった。

それでも、開業当初は、東京最初の「高層建築」という宣伝文句に惹かれて、多くの人が凌雲閣を訪れて、テクテクと歩いて十二階まで登った。東京の建物は、ほとんどが平屋か二階建てだったので、伊豆、富士、丹沢、多摩、甲信、上毛、日光、筑波の山々が、パノラマのように見えたという。

明治二十七年（一八九四）六月二十日、東京をマグニチュード7の地震が襲った。凌雲閣にいたのは、三十数人の客と各階の売店で働いていた女店員で、みな呆然としていたが、けが人はいなかった。しかし、五階から七階までのレンガ壁に亀裂が生じた。レンガ壁に空けた窓が構造上の弱点になったのに加えて、埋立地特有の脆弱な地盤も問題だった。これが、二番目の不幸である。

地震の後、凌雲閣では、約八十日かけて、大規模な補修工事を実施した。各階の床と天井に鉄板を貼り、レンガ壁に鉄筋を差し込んで補強。稼働停止になっていたエレベーターは、このとき撤去した。ただし、大規模な補修工事を要したことは、凌雲閣が地震に弱い欠陥建築であると公言したようなものだった。「高層建築」がもたらす威厳は地に落ちていた。

そして、明治三十年（一八九七）五月、凌雲閣の不振を示す出来事が起こる。浅草凌雲閣株式会社が、凌雲閣を質屋に売り渡したのである。これが、延々と続く、第三の不幸の「始まり」となった。

滋賀県立大学教授の細馬宏通は、「凌雲閣にとって、明治二十年代は賑わい、三十年代はかげり、四十年代は凋落の時代」だったとする。しかしながら、歴史には皮肉な一面もある。「明治四十年代に、人々は凌雲閣から眺めることには飽きたが、逆に凌雲閣を眺めることを楽しみとした」。すなわち、浅草にとっても、東京にとっても、凌雲閣がレンガを纏《まと》った立ち姿は、なくてはならない光景として定着したのである。

明治四十二年（一九〇九）には、新聞に、凌雲閣の経営不振を茶化すような記事が掲載された。「凌雲閣は先ごろ、わずか二百円で売りに出た。ところが、取り壊すだけでも千円以上の費用がかかるので、買おうとする者は一人もいない」

二十三年後のエレベーター再稼働

明治の末期になって、凌雲閣に予想外の転機が訪れる。凌雲閣を借り、敷地内のスペースを利用して、小屋がけの演芸場を建設。ひと旗揚げようとする人間が現れたのだ。名前は岸源三郎。もとは浅草六区の出口にあった焼芋屋の主人だった。注目したいのは、主な収益源は小屋がけの演芸場であり、本体である凌雲閣自体は計算に入っていなかったことだ。

演芸場の運営で収支の見通しをたてた岸は、明治四十五年（一九一二）五月に会社を設立した。社名は「十二階」。凌雲閣という名前を捨て、通り名の十二階を採用したのだ。さらに、大正三年（一九一四）四月、岸は浅草十二階にエレベーターを復活させた。実に二十三年ぶりである。エレベーターの再稼働によって、最上階からの眺めを改めて売り込もうとしたのだ。けれども、祭日を除けば人出は少なく、かつてのようなブームは起こらなかった。

大正後期に出版された、民衆娯楽研究家の権田保之助の著書には、意外な名前が登場する。

「十二階は始末におえなくて、時の方があきらめを付けて、ただひとつぽつねんとして取り残されています。それでも年に二度の藪入り《やぶいり》の小僧さんたちに、小将門《しょうまさかど》くらいの野心を起こさせる効能はありましょうが」（『浅草の民衆娯楽』）

藪入りとは正月とお盆の前後に奉公人がもらう休暇のこと。十二階は人気がなくて、大人には見放されていた。しかし、商店などで働く小僧さんたちだったら、外出する機会が少ないので、珍しがってくれるかもしれない。藪入りの時期に限っては、小僧さんたちが十二階の最上階に登り、周囲を見渡し、気分を高揚させ、「平将門のように、いつか自分も天下を取ろうと、野心を燃やすくらいの効能はある」と茶化しているのである。

大正九年（一九二〇）には、新聞に再び、経営不振をからかう記事が掲載された。「十二階は界隈の人たちに迷惑がられているので、打ち倒してしまえ」という趣旨の内容である。

記事のタイトルは、「塚本工学博士の奇抜な考案、根元から打倒すは容易な技」。塚本工学博士とは、東京帝国大学工学部長だった塚本靖（一八六九―一九三七）を指す。

「アメリカでは、よく高い煙突を根本から打ち倒すことがあります。私も高さ百五十尺

富士山、凌雲閣、筑波山

を揚げました。
（四十五メートル）の煙突を、打ち倒す現場を見たことがあるが、実に壮観でした。多数の見物人は、大地震のやうな地響とともに、もうもうと揚る砂埃《すなぼこり》を浴びながら、熱狂的な歓呼の声を揚げました。

煙突を倒す時には、まず、煙突の根元にあるレンガ壁のうち、倒そうと思う方向の壁を、鏨《のみ》でコチコチ壊します。次に、壊したレンガの跡に、材木を詰め込みます。この作業が終ると、その材木に火をつけて大急ぎで退却します。遠巻に眺めている群集は、手に汗を握って待ち受けます。レンガの跡に詰めた材木が燃えて、煙突の腹に穴が空くと、煙突は凄じい地響とともに穴の方向へ倒れるのです。

これと同じ方法で、界隈の人達に迷惑がられている十二階を倒すということは、痛快ではありませんか。

倒壊の時の地震で、界隈の人家がデングリ返しになるというなら、倒そうとする方向へ大きな池を掘ればよい。何なら前の瓢箪池《ひょうたんいけ》を利用するのがもっともよい。水の中へ倒れれば大した地響がしない。ただし、近所一帯は大夕立が降る、くらいの覚悟をしていなければなりません」（『都新聞』大正九年三月六日）

ずいぶん乱暴な意見である。そして、この記事が、最後の不幸の「引き金」になった。

関東大震災で被災

大正十二年（一九二三）九月一日、関東大震災が発生した。

東京で被害が最も大きかったのは、神田、日本橋、本所、浅草などの下町である。地盤が脆弱なため家屋の倒壊が続出したうえ、密集していた人家により火災が広がって、一帯が焼け野原と化した。ただし、浅草寺の観音堂のみは奇跡的に焼け残った。

この地震により、浅草十二階の八階から上部が崩れ、さらに内部から煙もあがった。

凌雲閣の頂上展望台付近には、十二名ないし十三名の登閣者があったが、八階付近が折れたため地上に振り落とされて即死した。けれども、そのなかの一名は、福助足袋《ふくすけたび》の大看板にひっかかって奇跡的に死を免れたとされる。

上部を失った浅草十二階は、危険であるとして、九月二十三日、赤羽の工兵隊によって爆破、解体された。いわば、とどめを刺されたことになる。

物理学者で随筆家の寺田寅彦（一八七八―一九三五）は、爆破の瞬間を目撃している。

「震災後復興の第一歩として行なわれた浅草凌雲閣の爆破を見物に行った。工兵が数人かかって塔の根元にコツコツ穴をうがっていた。その穴に爆薬を仕掛けて一度に倒壊させるのであったが、倒れる方向を定めるために、その倒そうとする方向の側面に穴の数を多くしていた。

準備が整って予定の時刻が迫ると、見物人らは一定の距離に画した非常線の外まで退去を命ぜられたので、自分らも花屋敷の鉄檻《てつおり》の裏手の焼け跡へ行って、合図のラッパの鳴るのを待っていた。

ぱっと塔の根元からまっかな雲が八方にほとばしりわき上がったと思うと、塔の十二階は三、四片に折れ曲がった折れ線になり、次の瞬間には粉々にもみ砕かれたようになって、そうして目に見えぬ漏斗から紅殻色《べんがらいろ》の灰でも落とすようにずるずると直下に堆積した。ステッキを倒すように倒れるものと皆そう考えていたのであった。

塔の一方の壁がサーベルを立てたような形になってくずれ残ったのを、もう一度の弱い爆発できれいにもみ砕いてしまった。

爆破という言葉はどうしてもあのこわれ方にはふさわしくない。今まで堅い岩でできていたものが、突然土か灰か落雁《らくがん》のようなものに変わって、そのままでするするとたれ落ちたとしか思われない。それでも根元のダイナマイトの付近だけはたしかに爆裂するので、一、二、三百メートルの距離までも豌豆《えんどう》大の煉瓦《れんが》の破片が一つ二つ飛んで来て石垣にぶつかったのを見た。

爆破の瞬間に四方にはい出したあのまっかな雲は実に珍しいながめであった。紅毛《こうもう》の唐獅子《からじし》が百匹も一度におどり出すようであった。

くずれ終わると見物人は一度に押し寄せたが、酔狂《すいきよう》な二、三の人たちは先を争って砕けた煉瓦の山の頂上へ駆け上がった。中にはバンザーイと叫んだのもいたように記憶する。明治煉瓦時代の最後の守りのように踏みとどまっていた巨人が、立ち腹を切って倒れた。その後に来るものは鉄筋コンクリートの時代であり、ジャズ、トーキー、プロ文学の時代である」（『寺田寅彦随筆集』第二巻）

都新聞の記事、「塚本工学博士の奇抜な考案、根元から打倒すは容易な技」が、その通り実演されたような、奇妙な結末である。

第十一章 『作庭記』の予言

東京タワーと東京スカイツリーは、なぜ首都の裏鬼門と鬼門に立つのか。この謎を追ううちに、次の三点が明らかになった。

【判明した三つの事実（経過順）】

一、明治二十三年（一八九〇）、首都の鬼門に凌雲閣が建設された。しかし、三十三年後の大正十二年（一九二三）、関東大震災により大破。二十三日後に、工兵隊の手で爆破、解体された。

二、それから、三十五年後の昭和三十三年（一九五八）。首都の裏鬼門に、東京タワーが完成した。

三、さらに、五十四年後の平成二十四年（二〇一二）。首都の鬼門に、「将門の塔」であることがほぼ確実な、東京スカイツリーが完成する。

さて、東京タワーの「正体」を突き止めるため先に進みたいのだが、残る手がかりは二つだけになった。

【残った二つの手がかり】

一、紅葉館と鹿鳴館、東京タワーと東京スカイツリー、という組み合わせに見られる「対の関係性」。

六、東京スカイツリーのデザインや名称が、陰陽五行説により「吉」と判断された。

このうち、東京タワーと東京スカイツリーに見られる「対の関係性」という手がかりは、結果について述べるだけで、なぜ対なのか、背後にある理由を教えてくれるわけではない。また、東京スカイツリーが「吉」と判断されたことは、縁起がいいとはいえ、かえって謎を深めるだけである。要するに、手がかりは尽きたに等しい。しかも、凌雲閣の不幸な運命を知ったことで、新たな疑問が生じてきた。

新タワーのコンセプトは「凌雲閣の再現」なのだが、この言葉には、ある種の「落とし穴」が潜んでいる。鬼門に立つ新タワーは、凌雲閣が背負った「不幸」までをも、再現する恐れはないのだろうか。それなのに、なぜ、「吉」なのだろう。

謎は解けない。けれども、先が見えない。まさに袋小路である。

悶々《もんもん》として何カ月かを過ごしているとき、奇妙な文章に出会った。

「其禁忌《そのきんき》といふは」。

そこには、凌雲閣はなぜ不幸な運命に見舞われたのか、東京スカイツリーと東京タワーがなぜ鬼門と裏鬼門に立つのか、東京スカイツリーはどうすれば不幸を免れるのか、などの謎を解く鍵が記されていた。不幸を免れるのなら、まさしく「吉」である。

また、そこには、東京タワーと東京スカイツリーが、なぜ「対の関係」でなければならないのか、についても記されていた。

奇跡のような一節は、『作庭記《さくていき》』に潜んでいた。

世界最古の庭園秘伝書

『作庭記』は日本庭園に関する指南書である。庭園の秘伝書としては、世界最古の書物ともされる。

著者は、平安後期の歌人、橘俊綱《たちばなのとしつな》（一〇二八―九四）とするのが定説に近い。ただし、鎌倉初期の後京極良経（一一六九―一二〇六）説、藤原定家（一一六二―一二四一）説のほか、室町時代（一三三三―一四六七）の編著とする説もないわけではない。

橘俊綱は、藤原頼通《よりみち》の子であり、平安の王朝で栄華を極めた藤原道長（九六六―一〇二七）の孫でもあった。しかし、母親が正妻ではなかったため、橘家に養子に出された。後に藤原姓に戻ったが、位は正四位上に留まった。修理大夫《しゅりのだいぶ》、すなわち宮中などの修理や造営をつかさどった修理職《しゅりしき》の長官を長く務め、伏見に豪邸を持ったため伏見修理大夫とも称される。伏見では、多数の歌人を集め、歌合や歌会を行ったことが知られている。

この橘俊綱により、おそらく平安後期に執筆された『作庭記』は、鎌倉時代には『前栽秘抄《せんざいひしょう》』と呼ばれていた。当時は藤原家に所有され、近世に加賀の前田家に伝わり、その側近によって秘蔵され、一般の目に触れることは少なかった。昭和初年まで金沢市の谷村家が所蔵し、昭和十一年（一九三六）に国宝（現在の重要文化財）の指定を受けている。

指摘しておきたいのは『作庭記』の重みである。この書物は単なる古書ではなく、造園学や建築学を学んだ者が、一度は目を通さなければならない古典であり、今なお研究者の関心を惹きつけている「魅惑の書」でもある。

平成十一年（一九九九）には、進士五十八《しんじいそや》（造園学者）、鈴木博之（建築史学者）、中村良夫（土木学者）、内井昭蔵（建築家）、オギュスタン・ベルク（風土学者）という五名の共著により、『新作庭記』が発行された。これは、二十一世紀の国土と風景づくりの思想を、平安時代における造園書のバイブルだった『作庭記』に学ぼうとする内容である。五名の共著者のうち、土木学者で東工大名誉教授の中村良夫は、新タワー候補地検討委員会の委員長を務めたことを、つけ加えておく。

陰陽五行説が教えるタブー

谷村家本『作庭記』は、全二巻で、本文七百九十三行。次のような、十二章からなる。①石を立てん事、まつ大旨をこころうへき也、②石を立つるに、やうやうあるべし、③池、河のみぎはの様々をいふ事、④嶋姿《しますがた》の様々をいふ事、⑤滝を立る次第、⑥滝のおつる様々をいふ事、⑦遣水事《やりみずのこと》、⑧立石口伝《りっせきくでん》、⑨其禁忌といふは、⑩樹事、⑪泉事、⑫雑部。

石を立てるという言葉には、石組などの意味と、庭造り全体という意味がある。主に寝殿造庭園の意匠について詳述し、石組、中島、池、滝、遣水《やりみず》、樹、泉などの具体的な説明があり、枯山水《かれさんすい》にも触れている。実際的な設計法から、背後にある思想にまでおよび、庭造りの際の「禁忌《きんき》」についても述べる。禁忌とはタブー、やってはいけないことである。

禁忌に関する記述は、陰陽五行説を根拠にしている。

陰陽五行説では、天地の変異や人間界の吉凶などを、「陰《マイナス》と陽《プラス》」および「木・火・土・金・水」という五つの要素の関係で解き明かそうとする。江戸時代の末期までは、陰陽五行説にもとづく家相学なども盛んで、人々はその教えにしたがって行動することが多かった。そもそも、鬼門という概念も、日本では陰陽五行説に支えられて発展した。

ところが、明治になると、陰陽五行説は迷信追放運動とともに一掃されてしまった。そのため、『作庭記』に書かれた禁忌《タブー》の多くも、迷信としてはねのけられ、真剣に検討されることがなかった。
しかし、歴史を読み解こうとする場合、陰陽五行説にもとづく資料を、迷信だからという口実で遠ざけてしまうようでは、深奥に迫ることは不可能になる。

立石の重視

『作庭記』の精神は、本文冒頭の一行、および続く十行にある。森蘊《もりおさむ》『作庭記の世界』の口語訳を紹介する。

「石を立てるに際しては、まずおおよその趣意を心得ておく必要がある。
一、地形により池の格好に従い、よって生ずる所々に趣向を巡らして、自然風景を思い出して、あそこはこうであった、ここはどうであったなどと、思い合わせて立てるべきである。
二、昔の名人が造っておいた有様を規範として、家主の意見を心に置いて、それに自分の風情を巡らして立つべきである。
三、国々の名所を思い巡らして、その面白い所々を自分の考えに取り込んで、大体の姿をその所々になぞらえ、素直に立てるべきである」
それにしても、なぜ石を立てることばかりが、重視されているのであろうか。飛田範夫『作庭記からみた造園』は、「石立僧説《いしだてそう》」を唱える。
「『作庭記』の成立した十一世紀から十二世紀は、石を立てることを専門に行う、石立僧の出現した時期でもあった。平安後期には、庭園様式も完成していて、定まった形式のものをつくるには、専門技術者ではないと無理になっていたのではないかと考えられる。特に、配石は難しいために、専門家が必要とされたのであろう。当時の僧侶は貴族の子弟が多く、豊かな趣味を持っていて比較的自由であったことから、作庭に関与したのではないかと想像される。『作庭記』の著者は、石立僧ではないと思われるが、そうした時代の風潮が現れたものであろう」

これに対して、中沢新一『精霊の王』は、古来から「石神」として祀られてきた、「宿神（シャグジ）」との関係性を重視する。宿神とは、太古の昔から日本人の思想の裏側に脈々と流れ続けている、霊的エネルギーの源とされる。

「立石僧《りつせき》や山水河原者《せんずいかわらもの》は、庭園をつくる職人だ。彼らの行う芸能では、ことはさらに抽象的に深められている。庭園の職人たちは、西洋のジャルディニエール（園芸家）たちのように、いきなり空間の造形にとりかかるのではなく、空間の発生する土台をなす『前―空間』を生み出すことから、彼らの仕事を開始する。なにもないと観念された場所に、庭園の職人はまず長い石を立てることから始める。

この石は、伊勢神宮の『心《しん》の御柱《みはしら》』と同じように、潜在空間からこちらの世界のほうに突出してきた強度(力)の先端を現している。この先端の向こう側には、存在への意志にみちみちた高次元の潜在空間が息づいている。そして、この先端のこちら側には、人間が知覚できる三次元の現実空間が広がっている。

庭園職人がなにもない空間に打ち立てるその立石は、まさに絶対の転換点となって、空間そのものの始まりを象徴する。空間に突き出したこの立石が、『前―空間』を出現させる。立石の下には、宿神の潜在的空間が揺れている。その揺れの中から、三次元をもった現実の空間の原型が押し出されてくる。そして、この空間の原型を素材にして、庭園の職人たちはそこに、起伏や窪みや水流や陰影や空気の流れでみたされた、現象の世界の風景を造形するのである。(中略)

このように、宿神を家業の守り神とする職人や芸人たちのつくりあげてきたものは、どれも空間として特異な共通性をそなえているように見える。運動し、振動する潜在空間の内部から突き上げてくる力が、現実の空間に触れる瞬間に転換をおこして、そこに無から有の創造がおこっているかのようにすべての事態が進行していく。そういう全体性をそなえた空間を、職人や芸人たちは意識してつくりだそうとしてきたようなのだ」

鬼門の「高い石」は不吉

さて、東京タワーと東京スカイツリーの関係を明らかにする奇跡のような一節は、正確に表現すると、『作庭記』のうち、「八章　立石口伝」の末尾から「九章　其禁忌といふは」の冒頭にかけて、二カ所に分かれて記されている。

まず、「立石口伝」のうち、五百三行から五百六行までを、森蘊《もりおさむ》の口語訳で記す。

「石を立てるには、多くの禁忌《きんき》がある。一つでも、これを犯したならば、主人は常に病にかかり、遂に命を失い、所は荒廃して、必ず鬼神《きじん》のすみかとなると言う」

これは分かりやすい。「石立に関する禁忌《タブー》を破れば、主人は常に病にかかり、ついに命を失い、その土地は荒れ果てて、必ず鬼神のすみかになる」、と戒めている。

鬼神を『広辞苑』で引く。

「①死者の霊魂と天地の神霊。人の耳目では接しえない、超人的な能力を有する存在。おにがみ。きしん。②荒々しく恐ろしい鬼。ばけもの。へんげ」

本書は、鬼門を出入りする鬼を、悪神《あくじん》や邪神と定義した。『作庭記』に記された鬼神も、その文意から、悪神や邪神と受け取って構わない、と判断できる。

続いて、「其禁忌といふは」のうち、五百十四行から五百十八行までを記す。

「高さ四尺、五尺になる石を、丑寅（北東）方に立ててはならない。

或いは霊石となり、或は魔縁《まえん》入来の便《たより》となるから、
その所に長く人が住むことがない。

ただし未申（南西）方に三尊仏の石を立て迎えるならば、
祟りをせず、魔縁も入って来ない」

この五行の意味を考えよう。「高さ四尺、五尺になる石」を、周辺の石と比較して特に高い石、と解釈する。魔縁とは、魔王が人を惑わすこと。この魔王もまた、悪神や邪神、と判断する。

次に、三尊仏とは、「中尊（中心の仏）と左右の脇侍《きようじ》（菩薩）とが三者一組になった仏像」である。阿弥陀三尊は阿弥陀・観音・勢至《せいし》、薬師三尊は薬師・日光・月光、釈迦《しやか》三尊は釈迦・文殊《もんじゆ》・普賢《ふげん》をそれぞれ配する。

すると、五百十四行から五百十八行までは、次のような意味になる。

「周辺の石と比較して、特に高い石を鬼門の方角に立ててはならない。

高い石が何者かの霊により祟りを受けるか、
あるいは、高い石を目がけて悪神が入って来るかして、

その場所が荒れ果てて、人が住めなくなるからである。ただし、裏鬼門の方角に三尊仏となる石を立てて、鬼門の高い石を迎えるならば、鬼門の高い石は、霊を帯びても祟ることがなく、あるいは、高い石を目がけて悪神が入って来ることもないだろう」

新タワーが不幸を免れる方法

中沢新一は、「立石僧が立てた石は、伊勢神宮の『心の御柱』と同じように、潜在空間からこちらの世界のほうに突出してきた強度（力）の先端を現す」とした。それにならって、『作庭記』に記された石を、潜在空間から現実空間に突出した塔と読み替える。すると、この「予言」には、凌雲閣が不幸に陥った理由を説明するだけではなく、再現される凌雲閣、すなわち新タワーが不幸を免れる方法までもが明記されていることが分かる。

明治二十三年（一八九〇）に皇居の鬼門に建設された、東京随一の「高層建築」であった凌雲閣は、度重なる不幸に見舞われたうえ、最後には大正十二年（一九二三）の関東大震災で壊れてしまった。『作庭記』によれば、凌雲閣が不幸に陥った理由は、裏鬼門の方角に「三尊仏の塔」がなかったため、凌雲閣が何者かの霊により祟りを受けたか、あるいは悪神が入って来たため、凌雲閣が荒れ果てて、住めなくなったからである。

当時、首都の裏鬼門には、凌雲閣に匹敵する高さの建物は存在しなかった。すなわち、「三尊仏の塔」になり得る建物は確かに存在しなかった。

また、凌雲閣は、情けないことに、「小将門《しょうまさかど》くらいの野心を起こさせる効能」(『浅草の民衆娯楽』)を持ち合わせるだけであった。となると、「不甲斐《ふがい》ない」として、悪神《あくじん》・将門《まさかど》に成敗されたと見ることもできる。

新タワーである東京スカイツリーは、「凌雲閣の再現」をコンセプトにして建設される。『作庭記』によれば、新タワーが不幸を免れる方法は、現在、裏鬼門の方角に、「三尊仏の塔」が立っていることである。その「三尊仏の塔」が、鬼門に建てられる新タワーを迎えてくれるなら、新タワーが霊を帯びても祟る心配がないか、または新タワーに悪神が入って来る心配がないであろう……。

ここで思い起こすのは、『作庭記』の編著者とされる橘俊綱と、平将門の関係である。橘俊綱は、藤原道長の孫ではあるが、さらに遡ると、摂政・関白に上り詰めた藤原忠平(八八〇—九四九)にたどり着く。つまり、橘俊綱は、忠平から数えて五代目の子孫になる。

平将門が、天慶二年(九三九)の冬、平安京の鬼門の方角で反乱を起こしたとき、朝廷における最大の実力者だった忠平は、なぜか将門に寛容で、最後まで将門をかばうかのようであった、とされる。

したがって、忠平の子孫である橘俊綱が『作庭記』で「予言」したとき、将門の乱を念頭において、鬼門に関する禁忌を記述する一方で、悪神となった将門の心を思いやって、三尊仏による救済の方法を示唆した、とも考えられるのである。

「三尊仏の塔」とは何か

『作庭記』の予言にも、多くの謎が潜んでいる。なかでも最大の謎は、「三尊仏の塔」とは何であるか、に尽きる。

真っ先に行うべきは、東京タワーが「三尊仏の塔」であるかどうかの確認である。東京タワーを訪れて、高さ百五十メートルの展望台に登る。そこには、昭和五十二年（一九七七）に建立された「タワー大神宮」がある。しかし、三尊仏はどこにも祀られていない。一見する限りでは、東京タワーは「三尊仏の塔」ではないように思える。

他に候補はあるだろうか。東京タワーの展望台から都心の風景を眺める。すると、西の方角に、中央に巨大な超高層ビルが立ち、その左右にスレンダーな超高層ビル二棟が並ぶ姿が目に入る。平成十五年（二〇〇三）に開業した六本木ヒルズである。中央が高さ五十四階（二百三十八メートル）の森タワーで、左右の二棟が高さ四十三階（百五十九メートル）のレジデンス棟である。三棟で一組という姿は、三尊仏を連想させる。けれども、入居企業に不祥事が続発して、「バブルの塔」と揶揄《やゆ》される六本木ヒルズが、「三尊仏の塔」であるわけがない。

東京タワーの足元に目を向けると、増上寺の境内が見える。ここは、どうだろう。調べると、増上寺の正門というべき三解脱門《さんげだつもん》（三門）に、釈迦三尊仏が安置されている。三解脱門は都内最古の木造建築物で、元和七年（一六二一）に建造され、国の重要文化財に指定されている。釈迦三尊仏は中央に釈迦如来、左に普賢菩薩、右に文殊菩薩を配し、あざやかな極彩色が塗られている。三尊仏は東京都の指定文化財である。

しかし、増上寺は太田道灌との絆が深いものの、平将門とのつながりはないはずである。村上春樹の労作『平将門伝説ハンドブック』を開いて、増上寺の釈迦三尊仏が掲載されていないことを確認する。つまりは、この三尊仏は「将門の塔」を迎え入れようとしている訳ではないので、断じて求める「三尊仏の塔」ではない。

村上春樹の『ハンドブック』は、全国各地に残された膨大な量の将門伝説に関わる史跡と資料を、実際に現地を訪ねて精査し、各都道府県ごとに分けて紹介したもので、一種の「虎の巻」として信頼性は極めて高い。なお、著者は将門の研究者であり、『ノルウェイの森』や『1Q84』を執筆した作家の村上春樹とは別人である。

最後に、念のために、『平将門伝説ハンドブック』を詳しく点検する。東京都港区に、将門に関わる史跡は十三カ所あるが、そのいずれにも三尊仏は存在しない。

これでまた、袋小路に迷い込んだのであろうか。いや、そんなことはない。為すべきことは、まず、将門にゆかりの深い三尊仏探しである。次に、その三尊仏と東京タワーとの関係を突き止めればいい。

竜禅寺三仏堂

村上春樹の『伝説ハンドブック』をはじめとして、多くの「将門書」が、将門にゆかりの深い三尊仏の所在地として指し示すのは、茨城県取手市米ノ井の竜禅寺三仏堂《りゅうぜんじさんぶつどう》である。そこには、釈迦《しゃか》如来《にょらい》、阿弥陀《あみだ》如来《にょらい》、弥勒菩薩《みろくぼさつ》からなる、三尊仏が祀られている。米ノ井は米野井、竜禅寺は龍禅寺とも書く。

三仏堂は昭和五十一年（一九七六）に国の重要文化財に指定された。『茨城の文化財第十六集』はこう記す。

「三仏堂は延長二年（九二四）の創建と伝えられ、釈迦、阿弥陀、弥勒の三尊を祀る。今の堂の建立年代は明らかでないが、様式手法から見ると、室町時代末期に遡るかと思われる。現在は承平七年（九三七）、平将門の創立と伝えられる竜禅寺（天台宗）の所有となっている。

現状は桁行《けたゆき》五間、梁間《はりま》六間、寄棟造《よせむねづくり》、茅葺《かやぶき》、一間向拝《こうはい》付となっているが、これは近年改変されたもので、当初は桁行三間、梁間四間で、両側面と背面に裳階《もこし》を付けた形式であった。

来迎《らいごう》柱間には、前面に高い須弥《しゅみ》壇《だん》を取り付け、背面は側柱にかけて高く仏壇を作っているが、これらは後世改変されたもので、当初は須弥壇が低く、来迎壁があったらしい。背面両脇間はもとから脇仏壇であったと思われる。

この堂は部材の保存がきわめて良好で、軒先まで当初材が残っており、加えて、旧痕跡が明瞭で当初の状態がよくわかる。関東地方における中世から近世にかけての建築の流れを知る上に貴重な遺構である」

三尊仏はいずれも高さ五十――六十センチで、三仏堂の名前はここに由来する。

将門伝説の宝庫

東京都心から三仏堂（取手市米ノ井）へは、二通りの行き方がある。ひとつは、つくばエクス

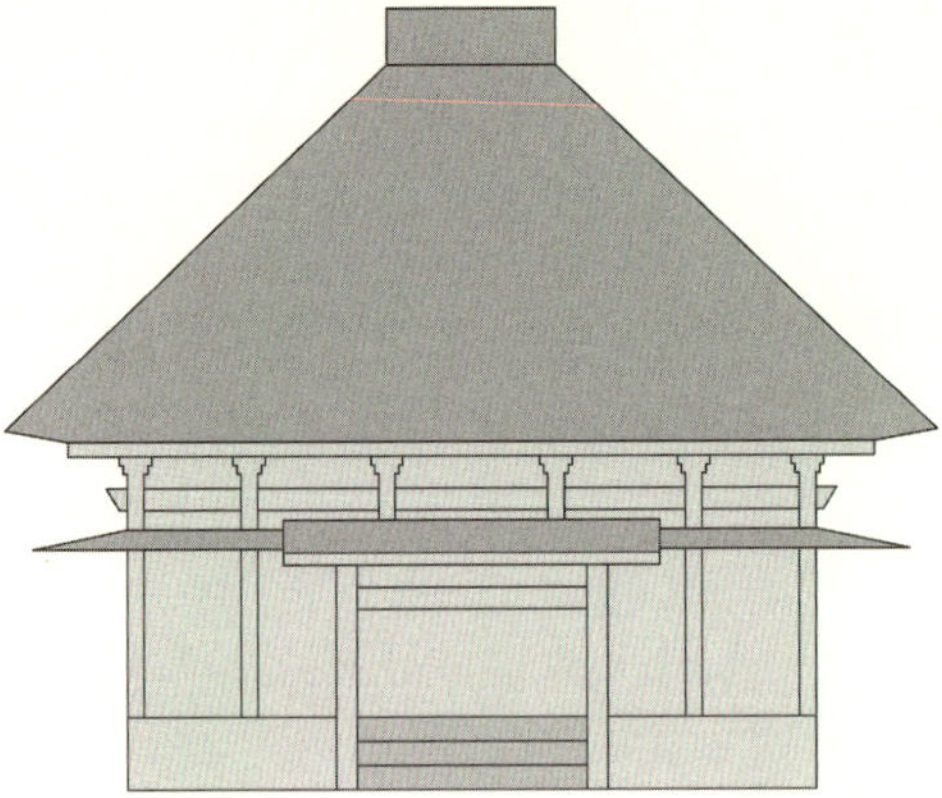

竜禅寺三仏堂

プレスに乗車して、守谷駅で関東鉄道常総線《じょうそうせん》に乗り換え、稲戸井《いなとい》駅で下車する方法。もうひとつは、常磐線に乗車して、取手駅で同じく関東鉄道常総線に乗り換え、稲戸井駅で電車を下りる。駅から南に向かって、屋敷林にはばまれて見通しのきかない田舎道を五百メートルほど歩くと、古刹《こさつ》の竜禅寺がある。

境内の堂舎は古色を帯びていて、本堂の前に見事な老樹が二本立っている。三仏堂は禅宗様と和様を混合した珍しい様式で、全体として、重厚で、素朴で、穏和で、大きく包み込んでくれるような佇まいを見せる。

守谷市から取手市米ノ井にかけての一帯は、将門伝説の宝庫である。赤城宗徳『将門地誌』は、この付近に相馬の御厨《みくりや》があったとする。御厨とは、皇室や伊勢神宮などへ捧げる供物を育てる

三仏堂須弥檀に祀られた三尊仏

三仏堂の周辺

荘園である。

「将門は御厨の番人に甘んじ、結婚早々の家庭を構え、母や弟たちもこの近くにいたであろうし、彼の生涯のうちで最も幸福な、平和な生活であったろうと思う。

将門が武運長久を祈るため、三仏堂に詣でたとき、堂の前にあった井戸から水が吹き上げて、中から米が出てきたため、米ノ井という地名になった。将門はその奇瑞《きずい》に感心して、米井山竜禅寺を創建した。三仏は讃仏が転じたもの。讃仏堂は、国司が派遣した高僧が、説法や教化を行うための道場であった。

香取郡佐原領内牧野郷の長者である牧野庄司に、小宰相《こざいしょう》という娘がいた。将門がこの娘を寵愛して、度々、館に招いた。これが世にいう、桔梗《ききょう》である。

竜禅寺の後ろには、桔梗の墳墓《ふんぼ》がある」

桔梗は、桔梗の前、桔梗の御前、桔梗姫、小宰相などとも呼ばれるが、本書では桔梗に統一する。桔梗はまた、将門の夫人であったとも、愛人であったとも、妾であったともされるが、本書では「将門が寵愛した桔梗」とする。

桔梗と三仏堂

桔梗の墳墓《ふんぼ》、すなわち桔梗塚《ききょうづか》は、稲戸井駅のすぐ南側を走る、国道二百九十四号線の脇にある。桔梗塚はアカメガシ（赤芽樫）の生け垣に囲まれ、広さは三畳ほど。中央に盛り上がった塚があり、その上に、肩を寄せ合うような格好で墓石が十数基並ぶ。墓石は石を数段重ねた、五輪塔《ごりんとう》を思わせる形で、高さは数十センチから一メートル程度。墓前には、花とお茶が供えられていた。

桔梗塚の前に、取手市教育委員会と竜禅寺による、案内板が立っている。

「天慶の乱の中心人物、平将門に由来する伝承地。

相馬日記に、米野井の桔梗が原といふは、将門が妾、桔梗の御前といふが殺されける所にてその墳あり、今も桔梗はありながら花咲くことなきは、この御前が恨みによれるなりといへり、とある。

竜禅寺に伝わる話では、桔梗姫は大須賀庄司武彦の娘で、将門との間に三人の子をもうけ、薙刀の名人であったが、将門の戦勝を三仏堂に祈願しての帰路、この地で敵将藤原秀郷に討たれたと云う。

また一説には将門には常に七人の影武者がそばにいた。桔梗はだまされて本物はこめかみが動くことを敵に教えたので、将門はこめかみを射られて討ち死にした。その後、秀郷は桔梗をも口塞ぎのため殺したと云う。

いずれにせよ郷土の英雄を慕う人々が、この地を悲劇の舞台として語り伝えたものであろう」

第二章ですでに述べたが、桔梗と将門の関係については、まったく相反するような説がある。まず、桔梗が将門を裏切ったとする説と、裏切ることはなかったとする説がある。また、裏切った桔梗の首を将門が一刀のもとに切り捨てたとも、逆に桔梗を慕《した》って将門の首が京の都から宙を飛んで江戸に戻ったともされる。要するに、将門と桔梗が信頼しあっていたのか、逆に憎みあっていたのか、真相は明らかでない。

ただし、竜禅寺三仏堂に来ると、現地では将門と桔梗に同情を寄せるかのような空気が強くなる。当地の伝承は、こう主張している。

「将門が寵愛した桔梗は、将門の戦勝を三仏堂の三尊仏に祈願しての帰路、藤原秀郷に討たれて桔梗塚に埋葬された。この土地に、桔梗が生えても花が咲かないのは、秀郷に対する桔梗の恨みによるもの……」

東京タワーと三仏堂をつなぐ

東京タワーに登ったときの感想として、「一見する限りでは、東京タワーは『三尊仏の塔』ではない」、と述べた。しかし、竜禅寺三仏堂に来て現地の空気を深く吸い込んだ後では、評価は全面的に変更せざるを得ない。東京タワーこそが、間違いなく、求める「三尊仏の塔」

であるに違いない。

論点の整理を試みる。これまで、次のことが分かっている。
一、東京スカイツリーが「将門の塔」であることはほぼ確実になった。
二、『作庭記』によると、新タワーが不幸を免れる方法は、現在、裏鬼門の方角に立つ、「三尊仏の塔」が迎えてくれることである。
なぜ、「三尊仏の塔」が迎えなければならないのか。それは、竜禅寺三仏堂の三尊仏が迎えてくれるのなら、将門の心は確実に癒されるからである。

なぜ、東京タワーが「三尊仏の塔」でなければならないのか。それは、裏鬼門の方角に立つ、東京スカイツリーに匹敵する規模の電波塔として、唯一、東京タワーしか存在しないからだ。

ここまではいいとして、実際には難しい課題が残る。
三、東京タワーは首都の裏鬼門である東京都港区に位置する。
四、竜禅寺三仏堂の三尊仏は、首都の鬼門である茨城県取手市に位置する。
距離が三十八キロも離れている、東京タワーと三仏堂との間を、どうやってつなげばいいのだろう。

再び東京タワーに登って、鬼門の方角を遠望する。はるか鬼門（北東）の方角には、紫峰《しほう》と呼ばれる筑波山が見える。その手前、隅田川の流れるあたりに、東京スカイツリーが立っている。ただし、三仏堂がどこにあるのかは、よく分からない。

目を閉じ、頭を両手で包み、耳を澄まし、空間の気配を探る。しばらくじっとしていると、両者をつなぐ方法がひとつだけ思い浮かぶ。それは、東京タワーが「桔梗の塔」として、「将門の塔」である東京スカイツリーを迎える場合には、必要な条件が満たされるということだ。

三仏堂にまつわる歴史を振り返ると、将門の戦勝を三尊仏に祈願した桔梗が迎えてくれるなら、将門の心は深い喜びに満たされるに違いない。また、東京タワーが「桔梗の塔」、東京スカイツリーが「将門の塔」であるのなら、東京タワーと東京スカイツリーの対面は、同時に桔梗と将門の対面をも意味している。そして、候補地検討委員会が望んだ「新タワーと現タワーの共存」も、間違いなく叶うことになる。

つまりは、『作庭記』に記された「三尊仏の塔」とは、将門の戦勝を三尊仏に祈願した、「桔梗の魂が入った塔」を指し示していたのである。


視点を変えて、今度は桔梗の立場から問題を考える。

桔梗は、天慶《てんぎょう》三年（九四〇）の「将門の乱」に際し、三仏堂の三尊仏に祈願した帰りに、将門に思いを寄せたまま、無念にも討たれてしまった。

それから千年以上。奇しくも、将門は東京スカイツリーに姿を変えて、よみがえることになった。誰がどう考えても、将門を迎える役割を果たせるのは、桔梗しかいないはずである。しかし、『作庭記』はひとつの条件を付けている。裏鬼門に立って、「将門の塔」を迎えるのは、「三尊仏の塔」でなければならないのである。

どのようにすれば桔梗は思いを遂げられるのだろう。

一、まず、桔梗が、裏鬼門に立つ、東京タワーに自分の「魂」を入れる。
二、その結果、東京タワーは「桔梗の塔」になる。
三、そして、桔梗はすでに「三尊仏の心」を持っている。
四、よって、「桔梗の塔」は「三尊仏の塔」と見なし得る。
五、これにより、東京タワーは「三尊仏の塔」として、新タワーを迎え入れる体勢を整えられる。

要するに、裏鬼門に立つ東京タワーは「桔梗の塔」であり、「三尊仏の塔」でもあることになる。

手がかりの第一に掲げた、「東京タワーと東京スカイツリーに見られる対の関係性」、という言葉に込められた真の意味が、ようやく明らかになった。「桔梗の塔」と「将門の塔」なら、まさしく「対の関係」そのものではないか。

また、桔梗と将門が互いに喜び合うのであれば、第六の手がかりに掲げた、「東京スカイツリーのデザインや名称が、陰陽五行説により『吉』と判断された」事実とも、見事に合致する。

すなわち、「六つの手がかり」に、『作庭記』の予言と、「三仏堂」の周辺に残る伝承を加味した結果、二つの電波塔の「隠された正体」がついに明らかになったのである。

第十二章　桔梗の塔

残された仕事は、東京タワーが「桔梗の塔」であることを裏付ける、具体的な証拠探しである。

強い確信を抱きつつ、手元に、縮尺二十万分の一の茨城県全図を用意する。そして、東京タワー（港区芝公園）から、竜禅寺三仏堂（茨城県取手市米ノ井）まで、一本の線を引く。

東京タワーを発した直線は、山手線を横切り、台東区と墨田区の区界を流れる隅田川を遡り、東武伊勢崎線鐘ヶ淵駅付近で荒川を渡る。そして、葛飾区、千葉県松戸市、柏市を横切り、利根川を渡って、茨城県に入る。県境から一キロほど進むと、竜禅寺三仏堂にたどり着く。あたり一帯は、茨城県南西部に広がる、猿島《さしま》台地の縁に相当する地域である。三仏堂からさらに北に向かって、約五百メートル歩くと桔梗塚に出る。

三仏堂に向かう直線が、隅田川を遡るとき、その右手に東京スカイツリーがあり、左手に浅草寺、凌雲閣の跡地、日輪寺がある。前に、「将門の塔（東京スカイツリー）」が「破軍星旗《はぐんせいき》（北斗七星状の七寺社）」を背にして立つ構図を紹介したが、東京タワーを発した直線は、あたかも

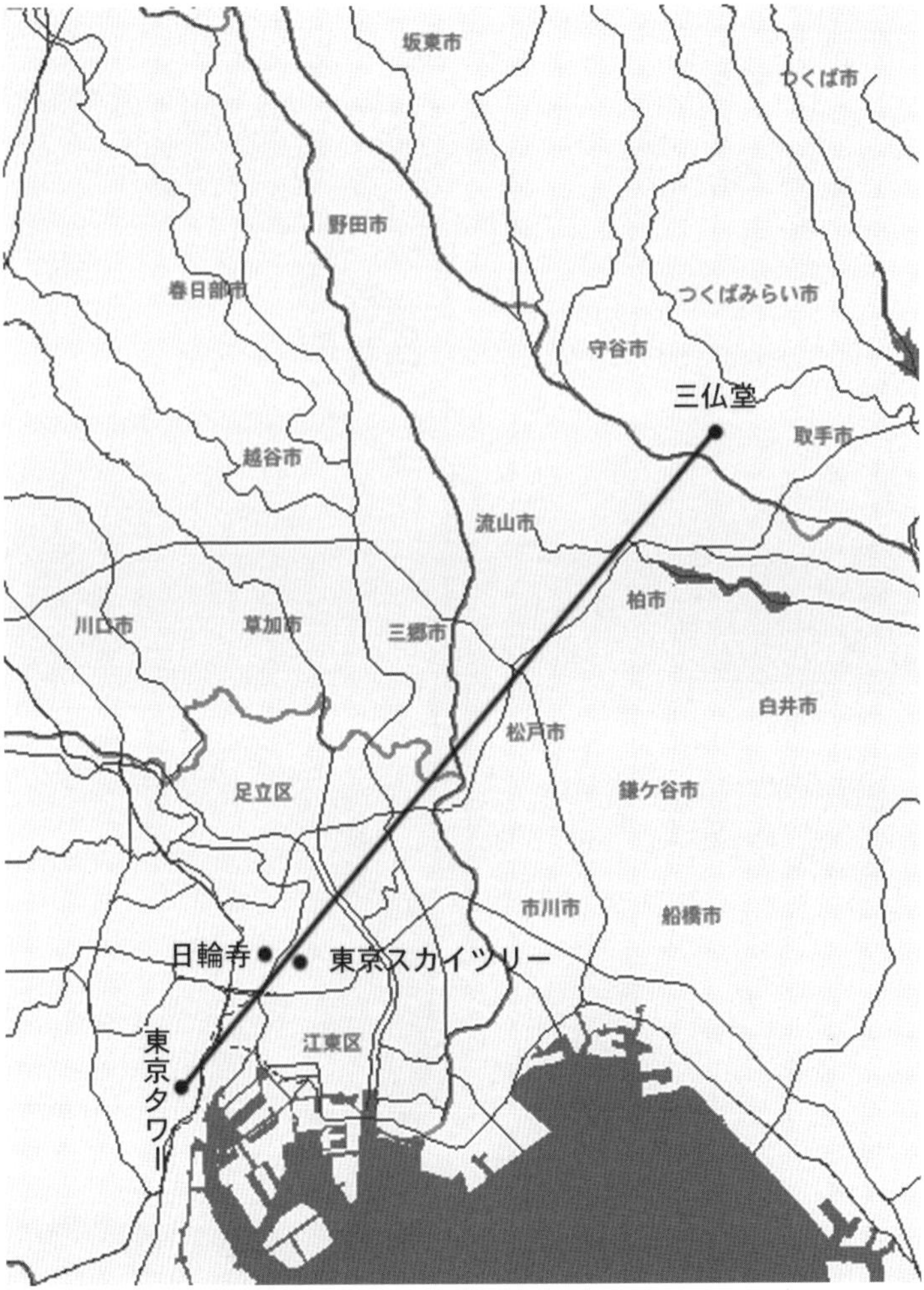

東京タワーと三仏堂の位置関係

東京タワーと「桔梗花の旗」

旗と旗竿の結び目を通り抜けるようにして、三仏堂に向かって進む。

軍旗もまた刀と並ぶ武士の命である。武将の将門が、旗と旗竿の結び目を通り抜けようとする行為を許すとすれば、ふたつの場合にしかあり得ない。

まず、「相手が、将門の戦勝を祈願するために、三仏堂の三尊仏に向かっている桔梗である」と承知しているとき。次に、「相手が、三尊仏に祈願した後、将門を迎え入れるために、東京タワーに向かおうとする桔梗である」と気づいたときだ。東京タワーは「桔梗の塔」であるに違いない。

今度は、猿島台地に立つ三仏堂から首都の方向を一望する。須弥壇《しゅみだん》に祀られた三尊仏はおおむね南西の方角を向いているので、その視線の先には、「将門の塔」（東京スカイツリー）と「桔梗の塔」（東京タワー）をとらえることができる。三仏堂の三尊仏、桔梗が眠る桔梗塚、東京スカイツリー、東京タワーは、まさしく強い絆で結ばれている。

東京タワーはもの悲しい

東京タワーが「桔梗の塔」であるとすれば、タワーにはすでに桔梗の「魂」が入っていることになる。振り返ると、タワーに魂が入ったのは、年号が昭和六十四年（一九八九）から平成元年（同）に切り替わるころだった、と推測される。

高さ三百三十三メートルの東京タワーは、昭和三十三年（一九五八）十二月二十三日に開業した。社会的にはほとんど知られていないが、開業直後に、日本建築学会の有力者たちが、東京タワーを「化け物」と呼んだ事実がある。

建築学会の機関誌『建築雑誌』（一九五八年十二月号）は、座談会「一九五八年建築界の動き—話題になった建築」で、批評の対象として、東京タワーや高速度道路などを取り上げた。座談会は「東京タワーはもの悲しい」というタイトルで始まる。出席者たちは、明治二十二年（一八八九）にパリに完成した、高さ三百二十四メートルのエッフェル塔を意識している。振り返ると、凌雲閣も「浅草のエッフェル大塔」と呼ばれたくらいだから、エッフェル塔の影響力は広範囲におよんでいる。

山本学治（東京藝術大学講師）「東京タワーはエッフェル塔と同じタイプの構造法に属していて、西独のテレビ塔などとは全然デザインが違う。エッフェル塔の七十年後に同じようなものが建てられ、それが評判になっているということは、えらくもの悲しいことだと思うのです。それを作ろうとした人が、塔としての設計を考えないで、ただ高さだけを目指したということが、そういうあわれな事実の原因だと思いますね」

市川清志（日本大学助教授）「エッフェル塔と同じ高さだけの鉄塔で、世界一になったという小さな満足だけでお茶を濁している。そういう点で山本さんが、なげかわしい、寂しいといったと思うのですが、ぼくはそれより、やはりあれが一番安いというようなことで、作られたんじゃないかと思うんだが」

武基雄《たけもとお》（早稲田大学教授）「都市計画では、芝公園をつぶして建てたということが問題でしょう」

市川「あそこに建てなければならないという理屈は計画的にはなにもない」

本城和彦（日本住宅公団）「あの塔は、ある角度からは大きく見えるが、全体的には大きく見えない。エッフェル塔は、パリのああいう場所で見られるように作られているので、大きく見えるのだ。大体、芝公園のあたりの土地の使い方はメチャメチャでひどすぎる」

武「それに形が美しくないでしょう。途中にレストランなんか変にくっついたりしている」

市川「それに、中がエッフェル塔みたいに空いていないで、変なもので埋まっている。それで重そうな様子なんだ」

背の高い化け物

司会（芦原義信、建築家）「悪いところばかりのようですが、いいところはございませんでしょうか」

市川「いいというのはね、強いていえばあそこに登れば、関東一円が見渡せるというところでしょうね」
武「いいところは、鉄骨だからいつでもこわせる」
内田祥哉《よしちか》（東京大学助教授）「今、武さんがこわせるといわれたが、なかなかこわせないと思うんです。テレビ塔だけならこわせる。建設費の八割位かければこわせるでしょうが、テレビの放送は一年中やっているでしょう。こわすには、もうひとつ他に作らなければならない。そのためには、あれと同じだけの費用がかかるわけです。だから、ちょっとこわすことはできないと思うのです。そういう意味で私が一番心配しているのは、錆《さび》がどうだろうかということです。エッフェル塔みたいに目的のないものは、錆ても大したことはないが、あれが錆たら大変だろうと思うのです」
広瀬鎌二（建築家）「関係者によると、上の方は亜鉛メッキをした。下の方はいつでも塗れるので、やらなかったと聞きました。しかし亜鉛メッキは、私の経験ではきわめて頼りない」
本城「強いていいところをいいますと、ぼくは、ある意味で日本のバイタリティを表現していると思う。ああいうことができるのだから、日本人は、まだまだ何とか転がっていけるなという、なんとなく安心感を持てるね」
山本「ぼくはきっとあれのバイタリティという話が出ると思っていたが、ぼくが見た場合に、非常にかぼそいという感じがしますね」

内田「なんとなく細くて、心配だという気がしますね。エッフェル塔より高いというのは、二倍くらい高いというならわかるが、何メートル高いとかいうのは、高いうちに入らない」

武「一種のブルーリボンみたいなもので、直ぐにもっと高いのができます」

内田「朝日新聞で見ましたが、ソビエトで五百メートルのを作ると書いてありました」

武「高さの競争というだけでは、資本家の夢が勝っていて、建築家の夢というのは、ちっとも出ていないね」

内田「私はね、新しい方法にはいろいろあると思うのです。たとえば、脚を三本にするということも考えられます」

司会「デザインについては、よく懸賞設計がありますけれども、高い塔こそ懸賞設計で、構造家がねじり鉢巻でやるのが、面白いと思うのですが」

武「ロンドンの万国博のテーマタワーはコンペで、すばらしかったんだね。コンペまでしなくても、アーキテクト（建築家）を入れたらいいのですよ。ビルコン一方のコンストラクションだけでやっていくということに問題があるのですよ」

秋野金次（日本原子力研究所）「あれはエッフェル塔より十メートルか二十メートル高くて、鋼材量が半分ですんだ。そこに設計者の誇りがあり、喜びがあると思うのです。それはそれでいいが、一種のモニュメンタルとして見たときに、あれではもの足りない。あのカーブを見ると、構造屋さんがやるとああいうふうになるのかもしれないが、展望台の上から直線で、下はカーブになっている。そこに目で見た不自然さがあると思いますね」

内田「あれは展望台の上と、アンテナの継ぎ目のところがちょっと妙ですね。うちの窓から始終見えるのですが、アンテナのあたりまでは、あって邪魔なものじゃないようですが、ぼくはあのカーブを見て、もっと高くなると思っているうちに、終わっちゃった感じですね」

市川「頭をぶち切ったのですね」

武「今日、話題に出た建物、日本の現代建築は百鬼夜行で、東京タワーはものすごく背の高い化け物、丸ビルはずうたいのでかい化け物、高速道路はひょろ長い化け物、草月会館は近代デザインの化け物みたいです。そういう点では、(丹下健三さん設計の)草月会館は、勅使河原さんのオブジェと結婚した、見事な鬼ぶりだと思います」

司会「鬼さ加減はどうですか」

本城「あれを見るとたいしたものだね」

座談会の出席者は、後に建築学会の中枢を占める有力者たちである。しかし、建築評論家の山本学治(東京藝術大学講師)の意見に引きずられるようにして、「東京タワーはもの悲しい」とする意見が大勢を占めていく。司会者の芦原義信(建築家)が「長所」を尋ねてもなお否定論が続く。市川清志（日本大学助教授）は「頭をぶち切った」とまで発言し、最後は武基雄（早稲田大学教授）が「ものすごく背の高い化け物」という言葉でとどめを刺した。責められているのは、造形が美しくないことである。現在の東京タワーに対する、好意的な評価とは相反する、手厳しい意見が多い。

超高層ビル街の「鬼っ子」

東京タワーの完成から十年近く経った、昭和四十三年（一九六八）四月。日本最初の超高層ビルとなる「霞が関ビル」が竣工した。地上三十六階、高さ百四十七メートルである。

東京にはかつて、高さを百尺（約三十メートル）に制限する規制があった。このため、三十メートル超の建物を「高層ビル」とし、建築基準法の扱いが変わる六十メートル超の建物を「超高層ビル」と呼ぶ。ただし、「霞が関ビル」が初めて超高層ビルと呼ばれたことから、百メートル以上の建物を超高層ビルとする考え方もある。

東京タワーが立つ港区は、東京で最も超高層ビルが多い地域で、六十メートル超の超高層ビルが二百棟以上ある。そして、港区に隣接する中央、千代田、新宿、渋谷、品川の五区には、合わせて四百棟以上の超高層ビルが立つ。このうち、最も高いのは、平成十九年（二〇〇七）に竣工した、東京ミッドタウン（港区赤坂九丁目）の「ミッドタウンタワー」で、地上五十四階、高さ二百四十八メートルになる。

高さ三百三十三メートルの東京タワーは、今や六百棟を超える超高層ビルの「林」にぐるりと囲まれ、東京第一位の超高層ビルとなる「ミッドタウンタワー」とは、わずか八十五メートルの高低差を残すだけになった。

武基雄（早稲田大学教授）の発言、「ものすごく背の高い化け物」は、もはや東京タワー特有の現象ではなくなった。それは、多くの超高層ビルが美しくないため、東京の都心が今や、「ものすごく背の高い化け物」だらけになったからである。

しかし、その一方では、無視できない現実もあった。東京タワーが「電波塔」であるがゆえに、超高層ビルとは本質的に対立せざるを得ないのである。まず、テレビの電波が超高層ビルに遮られるため、「難視現象」が発生する。そして、超高層ビルに当たった電波が反射するため、本来の画像のほかに影のような像が映る、「ゴースト現象」も発生する。難視もゴーストも、複数の超高層ビルが関わった「複合障害」となるため、事態の改善は極めて難しい。

超高層ビル群にとって、東京タワーは「鬼っ子」に見えるはずである。自分たちとは似ても似つかない形をし、しかも電波を遮るといって、超高層ビルを非難するからである。

せっかく、「ものすごく背の高い化け物」として特別視されることがなくなったのに、今度は仲間から「鬼っ子」扱いである。東京タワーはどうすればいいのか。

その答えは、アンデルセン原作の童話『みにくいアヒルの子』の中にある。アヒルの群れに生まれた白鳥は、アヒルらしくない「みにくい子」としていじめられ、絶望し、自分を殺してもらうため白鳥の住む湖を訪れる。そして、優雅にくつろぐ白鳥の姿を目にして、自分がみにくいアヒルではなく、美しい白鳥だったと気づく物語である。

アンデルセンの童話にならうなら、東京タワーが妖しくそして美しく「輝いた」その瞬間に、桔梗の「魂」が入って、タワーは「桔梗の塔」へと変身するに違いない。

起死回生のライトアップ

開業当時、東京タワーは二百五十個の電球で照明されていた。それも、タワーの輪郭を光の点描で写し出す、イルミネーション方式である。電球の数は少しずつ増やされ、昭和五十一年（一九七六）には約七百個になった。しかし、数をいくら増やしても、タワーの輪郭をうっすらと照らし出すだけで、影が薄かった。

昼間のタワーは「もの悲しく」、夜のタワーは「影が薄い」。これでは、東京タワーは、首都を代表するランドマークたり得ない。

昭和六十二年（一九八七）、日本電波塔株式会社は「起死回生のライトアップ」プロジェクトに着手した。開業三十年を期して、東京タワーの照明を全面刷新することにし、その設計を国際的に有名な照明デザイナー、石井幹子に託したのである。

石井は、オレンジ色の高圧ナトリウムランプを装着した投光器百四十八台と、エメラルドグリーンのイルミネーション六百九十六灯を用意した。投光器は、塔脚部に十二台、タワービル屋上に八十四台、大展望台上部の鉄骨に五十二台取り付けた。また、イルミネーションは、塔体のシルエットに沿って取り付けた。つまりは、照明の主力を、輪郭を写し出すイルミネーション方式から、鉄骨の内側に投光器で光を当てるライトアップ方式に変更したことになる。

昭和六十四年（一九八九）一月一日午前零時。東京タワーのライトアップが始まった。投光器から放たれた照明は、暗闇の中に立つ東京タワーをオレンジ色の光ですっぽりと包み込み、タワーを支える鉄骨をくっきりと浮かび上がらせた。一本一本の鉄骨は、全体として大樹のように組み上がり、空に向かって仄《ほの》かに溶け込んでいく。その姿は妖しいほどに美しかった。

皇居の裏鬼門に立つ東京タワーが空に溶け込んで、「この世」と「異界」とが結ばれた瞬間に、タワーに桔梗の「魂」が入ったはずである。

それから六日過ぎた一月七日。昭和天皇が崩御したため、東京タワーは照明を落として喪に服し、喪が明けるとライトアップを再開した。皇居の裏鬼門を守るタワーが放つ聖なる光は、異界に向かう天皇への「送り火」となったに違いない。

東京タワーはもはや、「もの悲しく」もないし、「影が薄い」こともない。今や、生きる者と生きた者、この世と異界とをつなぐ、美しい「桔梗の塔」に変身したのである。すなわち、石井幹子は、「起死回生」のライトアップにより、東京タワーに「魂」を入れて、文字通り生き返らせたことになる。

女性的シルエット、男性的シルエット

『東京タワー50年』は、石井幹子のライトアップに関して、様々な人の声を拾っている。「作家の日野啓三に、東京タワーが救いだった、という短編がある。慶応病院に入院し、腎臓の手術を受けた日野は、薬の副作用で猛烈な幻覚を見続けるのだ。病室の窓から夜景を見ると、赤い航空標識が赤い漢字に化け、夜空をゴーストや猛獣が跳梁する。しかし、そんな幻覚荒れ狂う視野の中で、唯一、東京タワーだけが一度も変形しなかった。タワーのライトアップは、品があって聖なる気品さえ帯びている、と記してある」

石井幹子自身に取材した話もある。

「最近のもので感動したのはリリー・フランキーさんの小説、『東京タワー　オカンとボク

と、時々、オトン』ですね。手術をして動けないオカンが、オトンとボクの前で、手鏡に映った東京タワーを見て、きれいやねと微笑むシーン。人と人の結びつきといったシーンに、暗示的に東京タワーが用いられるようになってきたことに、私は東京タワーがランドマークとしての意味を持ったのかなということを感じますね」

ライトアップから二十年過ぎた、平成二十年（二〇〇八）十二月一日。東京タワー五十周年を記念して、新しいライトアップ「ダイヤモンドヴェール」がスタートした。貴婦人が纏《まと》うかのように、ゆっくりと輝きそして消えていく、ダイヤモンドのようなヴェールである。

石井幹子は照明デザインのコンセプトをこう語っている。

「私は東京タワーを女性だと思っています。裾を広げた女性であると。それで、ダイヤモンドのヴェールを纏わせることにしました。ヴェールは七色に変化して、各光にはメッセージを持たせせました。光の変化も含めて、ぜひ、恋人や家族と、寄り添いながら見ていただきたい。それで、それぞれの方の人生の中で、物語が生まれてほしいと願っています」（『トウキョウタワーマガジン』二〇〇九年一月号）

石井は、恋人や家族とともに、ヴェールを纏った東京タワーを見てほしいとする。その東京タワー（桔梗の塔）自身にも、ぜひ見届けたい相手がある。皇居の鬼門で建設が進む東京スカイツリー（将門の塔）である。

東京タワーが裾広がりの女性的なシルエットであるのに対して、東京スカイツリーは直立するロケットに似た男性的なシルエットを持つ。その照明デザインは、若手照明家の戸恒浩人《とつねひろひと》が担当。「夜空から青い光の粒が降ってくる」かのように、上から光を当てる照明方式になる。これは、「将門伝説」を想起させるものだ。

「将門塚が鳴動し、暗夜に光を放って、異形《いぎょう》の武将が現れた」（『史蹟　将門塚の記』）

照明に使う色は青か紫。これは、桔梗の花の色を連想させるものだ。

「桔梗はありながら花咲くことなきは、この御前が恨みによれるなり」（『将門傳説』）

このように、「将門の塔」（東京スカイツリー）は、自分を迎えようとしてくれている「桔梗の塔」（東京タワー）の気持ちを、確かに受け止めていることを伝えるために、桔梗の花の色である青と紫の照明を浴びることにしたのではないか。

そして、「桔梗の塔」（東京タワー）も、「将門の塔」（東京スカイツリー）が身に纏う青と紫の色を見て、長年の恨みを捨て自らの心に桔梗の花を咲かしてみようという気持ちになるに違いない。

千年の時を超えた再会

在京放送六社が組織した「新タワー候補地に関する有識者検討委員会」（委員長、中村良夫）は、

「基本方針」をこう述べた。

「新タワーは人々の記憶に長くとどまり、その場所の地霊と交感しながら、やがてそのまわりに次々に物語が結晶してくるに違いない。あらゆる名都が例外なく放っている、こうした神話的な香りにひかれて遠方から人が集まってくる」

検討委員会は同時に、「新タワーと現タワーの共存」を強く熱望した。

この、いわば「物語創造のすすめ」に従って、裏鬼門に立つ東京タワーが「桔梗の塔」であり、鬼門に立つ東京スカイツリーが「将門の塔」であるとする、「対の神話」を創造した。

東京にはやはり、二つの塔が欠かせない。「対の関係」「共存する関係」にある両塔は、互いに共鳴し合い、これから豊かな物語を紡ぎ出してくれるに違いない。

それにしても、将門はなぜ、首都の鬼門と裏鬼門にかくも大きな影響を及ぼし得るのだろう。

諸氏の系図を集大成した『尊卑分脈《そんぴぶんみゃく》』は、平将門に関して、「外都鬼王と号す、貞盛《さだもり》之を誅《ちゅう》す」と注記する。すなわち、将門は都（平安京）の外の鬼王である。鬼王とは、あるいは、鬼門を支配する王者という意味であったのかもしれない。

かつて、江戸の鬼門と裏鬼門は、浅草寺、神田明神、寛永寺、日枝神社、増上寺という五寺社が守り続けてきた。そのうち、最古の歴史を誇る浅草寺は、最近になって、「桔梗の塔」

と「将門の塔」を迎え入れるかのような素振りを示している。


昭和三十三年（一九五八）十月　東京大空襲で焼失していた観音堂（本堂）を再建。

同十二月。東京タワー開業。

平成二十二年（二〇一〇）十二月　観音堂の大修復工事が終了。

平成二十四年（二〇一二）二月　東京スカイツリーが完成。


浅草寺が観音堂を再建した直後に東京タワーが開業し、観音堂を大修復した翌々年に東京スカイツリーが完成する。両者の動きが、明らかにシンクロナイズ（同時化）しているのは、浅草寺による鬼門を支配する王者への配慮であろうか。

また、江戸・東京を通じて、常に変わらないのが、裏鬼門に富士山、鬼門に筑波山がそびえる「対の構図」である。

改めて、関東の大地に二本の線を引く。最初の線は、東京スカイツリー（将門の塔）から富士山に向ける。この線は、神田駿河台を通るとき、平将門命《たいらのまさかどのみこと》を祀る神田明神と、平将門の御霊が眠る将門塚の間を通る。二本目の線は、東京タワー（桔梗の塔）から筑波山に向ける。この線は、将門塚の真上を通るようにして筑波山にたどり着く。つまりは、富士山と東京ス

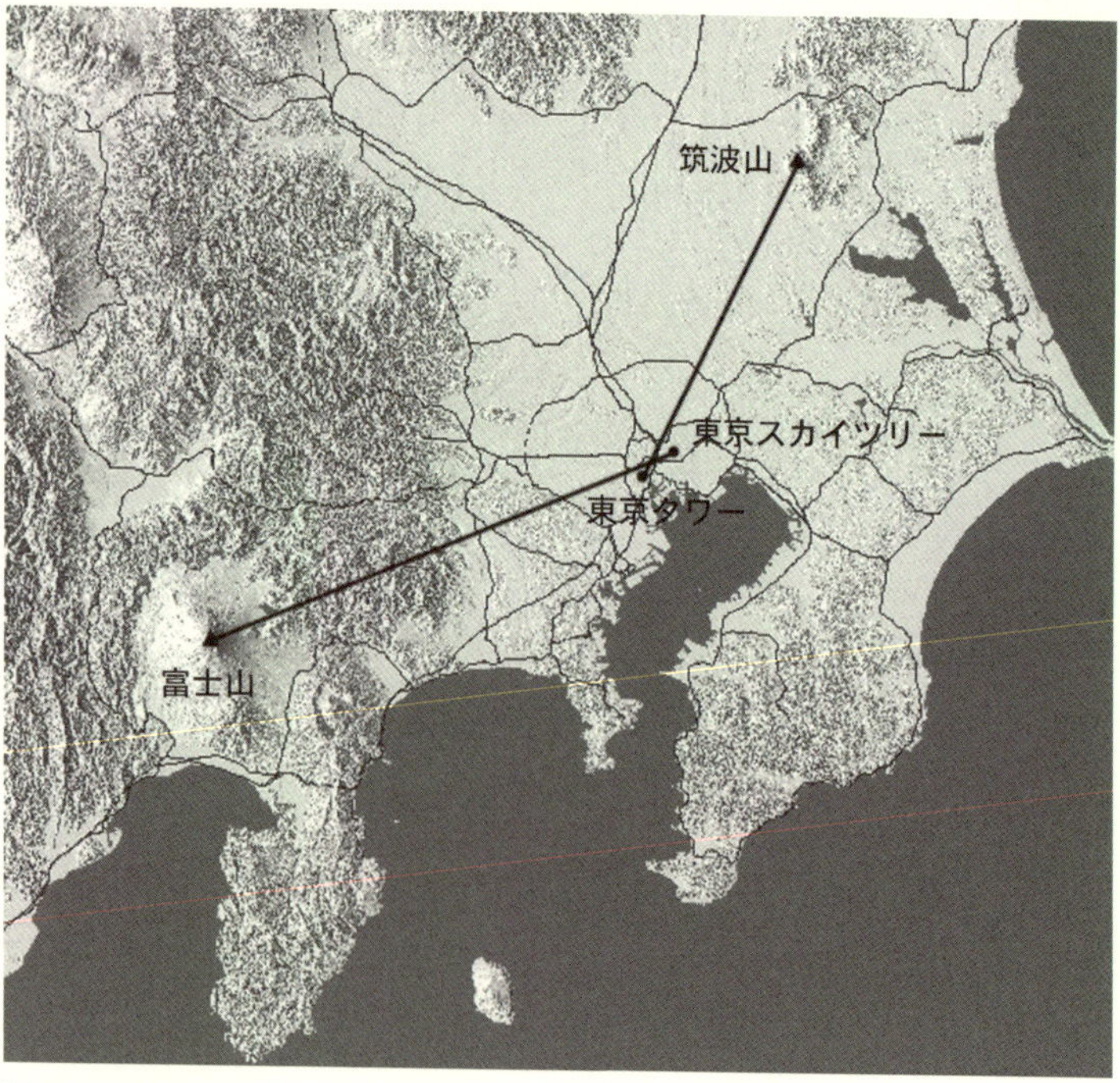

「富士山と東京スカイツリー」、「東京タワーと筑波山」の位置関係

カイツリー、筑波山と東京タワーという構図の中心には、鬼門を支配する王者の御霊が眠る将門塚がある。

将門と桔梗が討たれたのは天慶三年（九四〇）である。東京スカイツリーが開業して照明が灯され、塔に将門の「魂」が入ったその瞬間。裏鬼門で待ち続けた「桔梗の塔」と、鬼門に現れた「将門の塔」は、千年の時を超えて、念願の再会を果たすことになる。

もうひとつの「不思議な回り道」

二つの電波塔の物語はあと少し続く。どうしても、「大きな目」の西郷さんの話をしなければならない。

すでに説明したように、上野公園の山王台に立つ西郷隆盛像は、東南の方向に目を向けてい

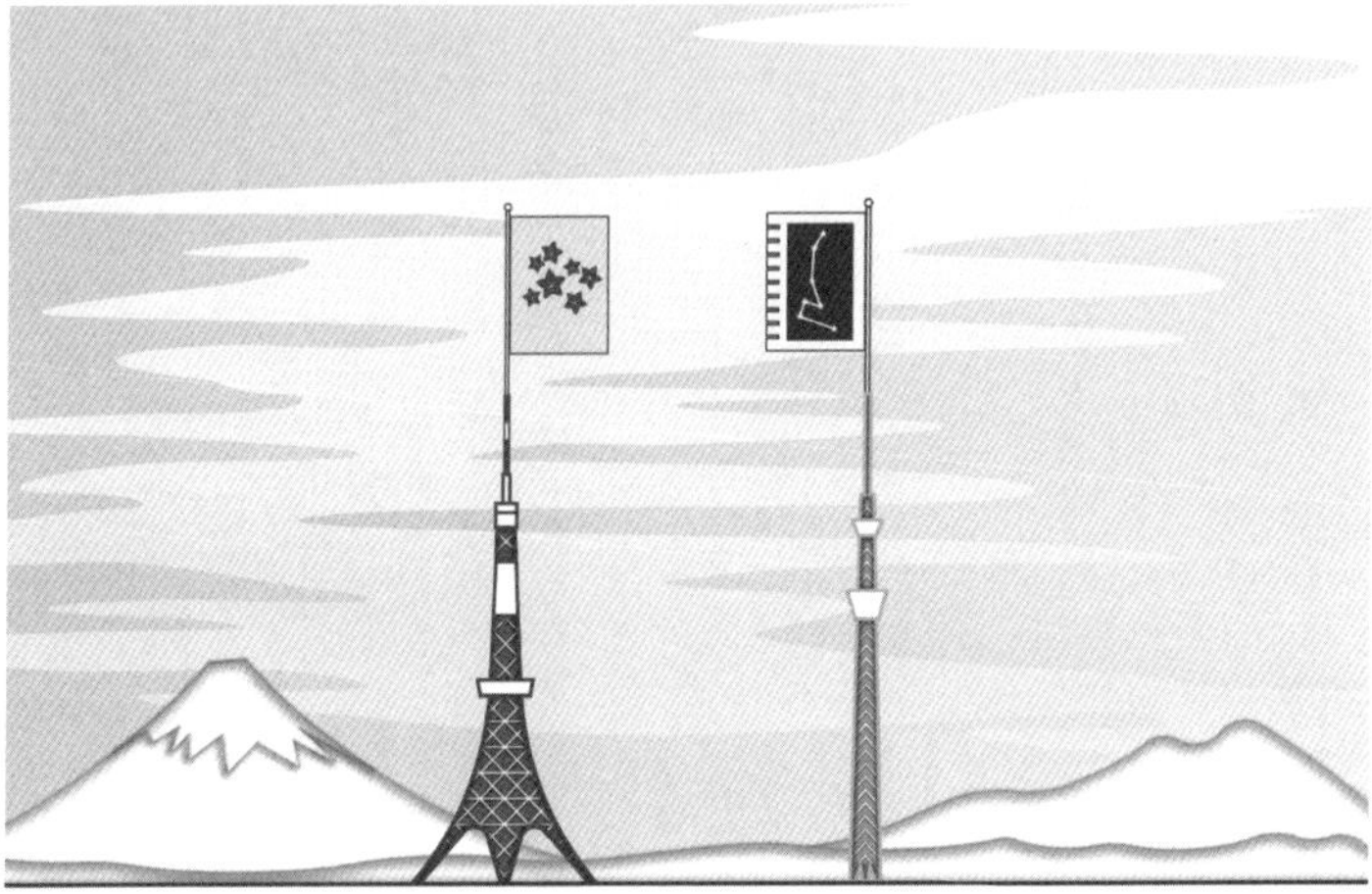

富士山、東京タワー、東京スカイツリー、筑波山

る。けれども、「桔梗の塔」は西郷像のはるか南西に位置し、「将門の塔」は西郷像の東に位置している。このため、二つの塔は、いずれも東南を向く西郷さんの目には入らない。

しかし、それでいいのだろうか。西郷像は東京の行く末を見守っているはずではなかったか。首都の鬼門に立つ守護神として、西郷さんは、首都のシンボルである「桔梗の塔」(東京タワー)および「将門の塔」(東京スカイツリー)と、何らかの関わりを持っていなければおかしい。

東京の都心にもう一度、線を引く。まず、「桔梗の塔」と「将門の塔」を結び、次に、西郷隆盛像と徳川家康像を結ぶ。すると、二本の線は、家康像の位置でほぼ直角に交差した。家康像の位置に何か隠された意味があるに違いない。

調べると、家康像の立つ江戸東京博物館(墨田区横網一丁目)の近辺に、江戸・東京の歴史を考えるとき、忘れるわけにはいかない重要な「慰霊の空間」が集中していることが分かった。博物館の南西、約五百メートルの場所にある回向院《えこういん》と、博物館の北、約三百メートルの場所にある東京都慰霊堂である。

回向院は、四代将軍家綱の時代、明暦三年(一六五七)に建立された増上寺の末寺である。明暦の大火による死者約十万八千人を埋葬、供養したのが起源となった。その後も、天明三年(一七八三)の浅間山噴火、安政二年(一八五五)の大地震などによる死者を供養している。

東京都慰霊堂は、関東大震災による死者約五万八千人の遺骨を納めるため、昭和五年

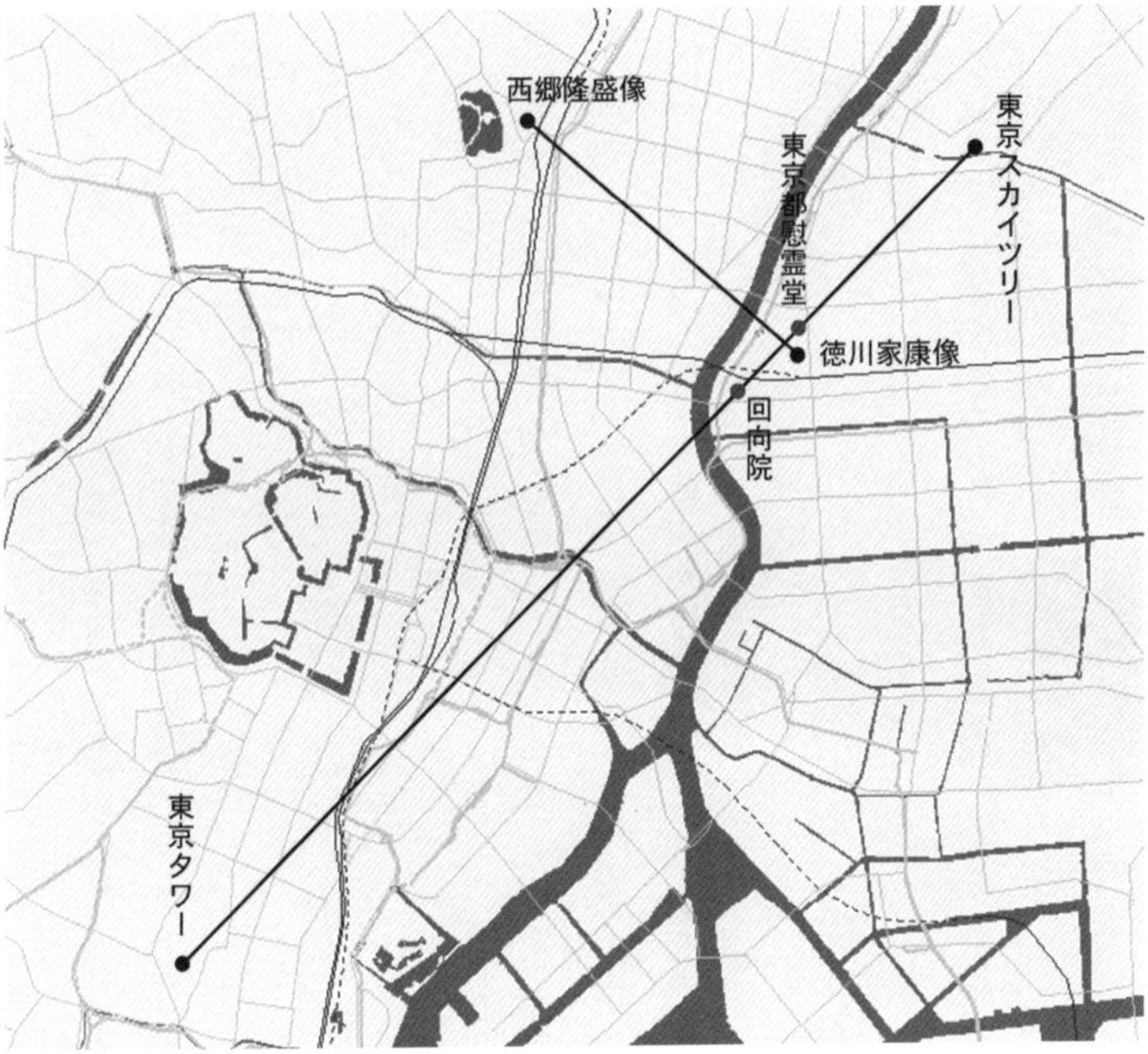

東京タワーおよび東京スカイツリーを起点とする「不思議な回り道」

（一九三〇）に「震災記念堂」として建設された。そして、昭和二十六年（一九五一）には、東京大空襲などによる死者約十万五千人の遺骨が納められて、「東京都慰霊堂」と改称された。本堂の設計者は、東京帝国大学建築学科の教授として、明治・大正・昭和にわたって強い影響力を発揮した伊東忠太である。

これにより、東京スカイツリーと東京タワーから、皇居の「聖なる森」へと至る、もうひとつの「不思議な回り道」の道筋がついに判明した。

一本目の軸線　「桔梗の塔」（東京タワー）→回向院→徳川家康像の北西

二本目の軸線　「将門の塔」（東京スカイツリー）→東京都慰霊堂→徳川家康像の北西

三本目の軸線　西郷隆盛像→徳川家康像

「桔梗の塔」および「将門の塔」から発せられた、互いの姿を探し求める霊的な視線は、首都における「慰霊の空間」が集中する家康像の北西で交錯して、一体化。上野公園の山王台に立つ西郷さんは、「大きな目」でそれを見届けた後、視線を家康像に注ぐ。

四本目の軸線　徳川家康像→太田道灌像

五本目の軸線　太田道灌像→皇居（江戸城）

家康像の視線の先には、東京国際フォーラム内に立つ、太田道灌の銅像がある。その道灌像は、皇居（江戸城）の方向を、じっと見据えている。（177頁、図「東京都庁舎を巡る完全な『点と線』」参照）

いったい、皇居には何があるのか。そこには、関東大震災を経験された昭和天皇の意向によりつくられ、市民を迎え入れる避難場所にもなる、青々とした森が広がる。つまりは、首都の「慰霊の空間」から、「聖なる森」という避難空間に至る、「回り道」が確保されたことになる。

「聖なる森」の誕生で幕を開けた、首都の鬼門を巡る壮大な物語は、「聖なる森」に回帰した場面で、ひとまず幕を閉じる。

しかしながら、新たに生まれた「大いなる謎」がある。千年の時を超えて「再会」を果たした後に、将門と桔梗はなにゆえ、「聖なる森」あるいは「武蔵野の面影を残した森」に向かおうとするのか。遠からず、その「隠された理由」を突き止めなければならない。

エピローグ

東京タワー（桔梗の塔）は、東京スカイツリー（将門の塔）の竣工を静かに待ち続けていた。一方、東京スカイツリーは、東京タワーの思いに応えるべく、着実に進む工事に身を任せていた。あと一年待てば、長年の願いが叶うはずの二つの電波塔を、平成二十三年（二〇一一）三月十一日、マグニチュード9の巨大な地震が襲った。

「再会」を果たすためには、二塔とも地震に耐えなければならない。首都の人たちも、そんな宿命を感じ取っていたかのように、「東京タワーは無事であろうか」「東京スカイツリーの工事に支障はなかっただろうか」と心配した。

その日、東京タワーでは、最頂部のアンテナ支柱がわずかに曲がったものの、そこで耐えた。数日後には、補強工事を実施。さらに、地震から一カ月後の四月十一日。展望台に「がんばろうニッポン」という光のメッセージを掲げた。

一方、東京スカイツリーの頂部では、アンテナ用鉄塔の工事が行われている最中だった。地震動が伝わると、鉄塔は多くの作業員とともに、ゆっくり、大きく揺れ続けたが、幸いにも作業員と塔本体に異常はなかった。そして、一週間後の三月十八日。待望の高さ六百三十四メートルに到達した。二つの電波塔は厳しい試練に耐え抜いた。

東日本大震災にともなう混乱が収まるにつれて、二つの電波塔を、困難を乗り越えて願いを叶えてくれる「幸運の双塔」と見なす人々が増えている。

四門《しもん》説によれば、首都の鬼門に立つ東京スカイツリーと、裏鬼門に立つ東京タワーの役割は、「生きる者」と「生きた者」、「この世」と「異界」とを結びつけることにある。

悲しみ、慰め、癒し、希望、喜び……。

「生きる者」と心を通わせ、「生きた者」に心を届けたいとき、「幸運の双塔」を祈りの姿勢で静かに見上げようと思う。

関連年表

【明治以前】

推古天皇三十六年（六二八）　浅草寺の草創。

和銅六年（七一三）　国名に初めて「武蔵」の字が使われる。

天平宝字元年（七五七）　武蔵国分寺に七重塔が完成。

貞観六―八年（八六四―六六）　富士山が貞観大噴火。

貞観十一年（八六九）　「千年に一度の巨大地震」とされる貞観地震が発生。

承平―天慶年間（九三一―四七）　日本でも「鬼門」という言葉が使われる。

承平五年（九三五）　平将門が東叡山承和寺を焼き討ち。

天慶三年（九四〇）　平将門が討たれ、最終的に将門塚に埋葬。

平安後期（一〇二八以降）　橘俊綱が『作庭記』を執筆。

平安末期（一一五〇―八〇）　江戸重継が江戸館を構える。

康正二年（一四五六）　太田道灌が江戸城を築城。

文明十八年（一四八六）　太田道灌が非業の死。

天正十八年（一五九〇）　徳川家康が初めて江戸城に入る。
元禄十一年（一六九八）　天海が計画した寛永寺がひとまず完成。

【明治―昭和戦前】
明治元年（慶応四、一八六八）　上野戦争により寛永寺の大部分が焼失。
明治七年（一八七四）　神田明神が将門命を摂社に遷す。
明治十年（一八七七）　西南戦争に敗れた西郷隆盛が自決。
明治二十三年（一八九〇）　凌雲閣（浅草十二階）が開業。
明治二十五年（一八九二）　皇居正門前に西郷隆盛像を設置する案が不許可に。
明治二十七年（一八九四）　妻木頼黄設計の東京府新庁舎が完成。
明治三十一年（一八九八）　上野公園の山王台に高村光雲作の西郷隆盛像が設置。
大正九年（一九二〇）　東京市庁舎に渡辺長男作の徳川家康像が設置。
大正十二年（一九二三）　浅草十二階が関東大震災で被災し、爆破・解体される。
大正十三年（一九二四）　東京市庁舎に渡辺長男作の太田道灌像が設置。
昭和十五年（一九四〇）　大蔵省に落雷。将門の一千年祭を挙行。
昭和十八年（一九四三）　金属回収策により徳川家康像と太田道灌像が「応召」。

【昭和戦後—平成】

昭和二十年（一九四五）　東京都将門塚庁舎の建設計画を棚上げ。
昭和三十一年（一九五六）　開都五百年。
昭和三十二年（一九五七）　丹下健三設計の東京都丸の内庁舎が完成。
昭和三十三年（一九五八）　朝倉文夫作の太田道灌像を東京都丸の内庁舎に設置。
昭和三十三年（一九五八）　東京大空襲で焼失した浅草寺観音堂（本堂）を再建。
昭和三十三年（一九五八）　東京タワーが開業。
昭和四十年代（一九六五—七四）　皇居に二の丸雑木林が誕生。
昭和五十九年（一九八四）　将門命が神田明神の「三の宮」として復座。
昭和六十四年（一九八九）　東京タワーで起死回生のライトアップ。
平成二年（一九九〇）　丹下健三設計の東京都新宿庁舎が完成。
平成六年（一九九四）　山下恒雄作の徳川家康像を江戸東京博物館に設置。
平成八年（一九九六）　太田道灌像を東京国際フォーラムに移設。
平成二十二年（二〇一〇）　浅草寺観音堂の大修復工事が完了。
平成二十三年（二〇一一）　東日本大震災。
平成二十四年（二〇一二）　東京スカイツリーが開業（予定）。

おわりに

東京スカイツリーと東京タワーは、なぜ首都の鬼門（北東）と裏鬼門（南西）に向かい合うのか。本書は、二つの電波塔を、「地霊が息づく歴史的な潜在空間」から、「超高層化が進む現実の三次元空間」に向けて大きく突き出た、「将門の塔」および「桔梗の塔」と見なした。なぜ、このような物語を創造したのか。それは、東京タワーに、長く残ってほしいからだ。

東京タワーはアナログテレビ放送のための電波塔として、昭和三十三年（一九五八）十二月二十三日に開業した。当時、タワーに関心を持つ都民は少なかっただけではなく、日本建築学会の有力者たちは、「高さだけを目指したことがもの悲しい」「形が美しくない」などと否定論を展開した。風向きが変わったのは、平成元年（一九八九）、照明デザイナーの石井幹子さんが「起死回生のライトアップ」により、タワーのイメージを一新してからである。

続いて、NHKプロジェクトX「東京タワー恋人たちの戦い」、リリー・フランキーさんの小説『東京タワー オカンとボクと、時々、オトン』、西岸良平さんのコミックを映画化した「ALWAYS三丁目の夕日」などによって、愛着を持つ人々が一気に拡大。その熱気を保ったまま、平成二十年（二〇〇八）十二月二十三日に、五十周年を迎えることができた。さらに、あと五十年経てば、「重要文化財か国宝になる」という好意的な評価も聞かれる。

しかし、東京スカイツリーの登場とともに、東京タワーの将来を危ぶむ声も聞こえている。ライバルの出現によって、東京タワーの採算が取れなくなり、いずれ解体されてしまうのではないかと心配しているのだ。作家のリリー・フランキーさんは、東京タワーを、「それはまるで、独楽《こま》の芯のようにきっちりと、ど真ん中に突き刺さっている。東京の中心に。日本の中心に。ボクらの憧れの中心に」と評した。そのようなタワーが失われることになったら、東京の風景はさぞ味気ないものになってしまうに違いない。

建物が数百年以上使われる欧米諸国とは違って、日本では数十年しか経っていない建物でも、経済性を理由に容赦なく取り壊してしまうケースが多い。我が国において、スクラップ・アンド・ビルドの運命を免れるためには、経済合理性の枠を超えた新たな視点が必要になる。

本書で、東京タワーを「桔梗の塔」、東京スカイツリーを「将門の塔」とする物語を創造。二つの塔を長い歴史を持つ首都の「鬼門―裏鬼門軸」の中に組み込み、「対の関係性」を強調した理由は、そこにある。

「対の関係」にあり、「共存の関係」にある両塔は、互いに共鳴し合い、これから豊かな物語を紡ぎ出してくれるに違いない。東京にはやはり、二つの塔が欠かせない。

表向きの話はこれぐらいにして、大きな目の西郷さん、建築家の丹下健三先生、照明デザイナーの石井幹子さんの話をしたい。

私は岩手県で生まれた。東北新幹線が平成三年（一九九一）に東京駅まで乗り入れる以前、故郷の知人と待ち合わせをする場所は、東北本線および東北新幹線の終着駅だった上野駅にほど近い、上野公園に立つ西郷さんの銅像の前であることが多かった。西郷さんは、浴衣《ゆかた》姿に草履《ぞうり》履きという軽装で、愛犬「ツン」とともに、大きな目を東南の方向にじっと向けていた。振り返れば、昭和四十年代、五十年代には、西郷さんの視線を遮る建物は余り存在しなかった。

しかし、時間とともに、事情は大きく変わった。今では、銅像の周辺だけではなく、東南の一帯に高層の建物が立ち並び、西郷さんの視線は遮られてしまった。銅像の作者である高村光雲の長男で、詩人・彫刻家の高村光太郎の言葉を引用するなら、「東京には空がない」（『智恵子抄』）状態に近いのである。

読者に対する挑戦状で、「大きな目の西郷さんは、東南の方角で、いったい何を見ていると思いますか？」と聞いた。この謎を解くためには、もはや「超高層化が進む現実の三次元空間」を離れて、「地霊が息づく歴史的な潜在空間」を観察するしかない。換言すれば、歴史に詳しくなければならないのだが、読者のなかで謎を解くことができた方はおられただろうか。

仮に、西郷像が、今とは逆に南西の方角を向いていたとすれば、その「大きな目」は、東京国際フォーラムに立つ太田道灌像を捉えていただろう。これはこれで、ひとつの物語になる。しかし、実際に、西郷像が見守っていたのは、徳川家康の銅像が再生される、江戸東京博物館の方角であった。

家康像は、かつて道灌像とともに、東京市庁舎（東京国際フォーラムの前身）に陣取っていたが、第二次世界大戦の金属回収令に「応召《おうしょう》」し、そのまま行方不明になった。そして、新道灌像が再生されたのは、昭和三十三年（一九五八）である。これに対して、新家康像の再生は、三十五年遅れの平成五年（一九九三）にずれ込んだ。

このように、西郷さんが江戸東京博物館の方角に目を向けていたことで「不思議な回り道」が完成した。私がこの話を披露すると、建築関係の知人たちは、玄妙《げんみょう》な「歴史の巡り合わせ」に息を飲み、しばらく黙り込んでしまうことが多い。

私は大学と大学院で建築の構造を学んだ。恩師である坪井善勝東大名誉教授（故人）は、日本を代表する建築構造学者であると同時に、実際に構造設計を行う構造家でもあった。そして、丹下健三氏の作品群のうち、主として「大空間の系譜」「彫刻的表現」に属する作品の構造設計を手がけて、世界的に注目を浴びた。代表的な業績に、代々木の東京オリンピックプール、東京カテドラル聖マリア大聖堂、大阪万博のお祭り広場大屋根などの構造設計がある。

坪井先生はよく、「構造的に美しくても、建築的に美しいとは限らない。構造家として唯我独尊に陥ってはならない」と話されていた。丹下氏の能力を高く評価していたからこそ、口にされた言葉なのだと思う。

このように、恩師である坪井先生の同僚だったのだから、私は本来、丹下先生と呼ばなくてはならない立場にあるが、本文では同氏を含めて、すべて敬称を略させていただいた。

坪井善勝研究室は、港区六本木七丁目の東京大学生産技術研究所にあった。現在、国立新美術館が立っている場所である。私は大学院生として、生産技術研究所に六年間通って、東京タワーを間近に見続けた。

研究所から東京タワーまで、歩いて約十五分かかる。通学の途中や、昼食に出かけるときに、見上げた東京タワーはスカスカしていて、どこか影が薄かった。また、夜になっても、東京タワーの照明は輪郭を光の点描で写し出すイルミネーション方式なので、まるで迫力に欠けていた。

『建築雑誌』（一九五八年十二月号）の座談会で「東京タワーはもの悲しい」と断じた建築評論家の山本学治（故人）さんは、坪井研究室の出身ではないものの、坪井先生から親しく教えを受けたひとりである。

坪井先生は、毎年正月に、世田谷のご自宅で新年会を催された。照明デザイナーの石井幹子さんとは、新年会の席で初めてお目にかかった。石井さんが東京タワーのライトアップを手がけるのは、初対面から十年くらい後になる。

山本学治さんは、東京タワーが「化け物」と呼ばれるきっかけをつくったみたいな人だ。それを、石井幹子さんがライトアップの力で、妖しくも美しい「桔梗の塔」に変身させた。坪井先生の周辺に、そのようなお二人がいたことは、今となれば偶然とは思えない。

本書を上梓するに際して、多くの方々にご協力いただいた。まず、坪井門下の先輩である構造家の中田捷夫さんには、常に変わることなく、温かい眼差しと励ましの言葉をいただいた。

また、伊坂デザイン工房の伊坂道子さんの労作である二冊の『増上寺境内研究書』によって、東京タワー所在地の「歴史」について深く知ることができた。伊坂さんとの何回かの勉強会は、本書の構想を固め、かつ育てていく上で極めて有用だった。

次に、イースタン建築設計事務所を主宰する中村安奈さんと神野太陽さんのご好意により、所員の神徳香子さんと橋本英治さん、および外部協力者の高野和子さんに、想像力を喚起する多数のイラストを作成していただいた。ただし、イラストの原図はきれいなカラーなのに、本書ではモノクロにならざるを得なかったのが、少し残念だ。

続いて、山本良介アトリエを主宰する山本良介さんのご好意で、元所員の金子真由美さんに、平成版『東京一目図』を作成していただいた。この『一目図』を、本書はA4サイズで掲載しているが、原図は畳一帖の大きさに拡大してもなお鑑賞に耐える、密度の高い作品である。

そして、都市建築編集研究所を主宰する石堂威さんには、本書の発行に道筋をつけていただくと同時に、小田道子さんとともに編集作業をも引き受けていただいた。特に、石堂さんには、いわば「最良の第一読者」として、本書の方向を決定づける適切な助言をいただいた。

さらに、建築資料研究社出版部次長の種橋恒夫さんは、東日本大震災の発生を受けて行われた原稿の修正作業が、容易に収束しなかったにもかかわらず、辛抱強く見守ってくださった。

加えて、編集作業の最終段階において、筆者だけではなく、石堂さんや種橋さんの身近におられる、十名近い方々に原稿を試読していただき、貴重なご意見、ご感想をいただいた。

末尾になりますが、お世話になった多くの方々に、心から感謝いたします。

本書に没頭していたとき、首都圏の「現実空間」と「潜在空間」とをつなぐ「境界空間」に、不思議な「影絵群」が潜んでいることに気がついた。これら影絵群の存在を、どう解釈すればいいのだろう。次の機会には、その謎を解かなければならない。

平成二十三年　七月吉日

細野　透

主要参考文献

【東京の都市論】
陣内秀信『東京の空間人類学』（筑摩書房、一九八五年）
鈴木博之『東京の地霊』（文藝春秋、一九九一年）
中沢新一『アースダイバー』（講談社、二〇〇七年）

【陰陽道、風水、民俗学】
吉野裕子『易と日本の祭祀』（人文書院、一九八七年）
村山修一『日本陰陽道史総説』（塙書房、一九八一年）
村田あが『江戸時代の家相説』（雄山閣出版、一九九九年）
宮元健次『江戸の陰陽師』（人文書院、二〇〇一年）
内藤正敏『魔都江戸の都市計画』（洋泉社、一九九六年）
細野透『風水の真実』（日本経済新聞出版社、二〇〇八年）
谷川健一『魔の系譜』（講談社学術文庫、二〇〇七年）
谷川健一編『日本の神々──関東』（白水社、二〇〇〇年）

【平将門、神田明神、太田道灌】
赤城宗徳『将門地誌』（毎日新聞社、一九七二年）
赤城宗徳『平将門』（角川選書、一九七五年）
梶原正昭・矢代和夫『将門傳説』（新読書社、一九七五年）

村上春樹『平将門伝説ハンドブック』（公孫樹舎、二〇〇六年）
村上春樹『将門記』（山川出版社、二〇〇八年）
加門七海『平将門魔法陣』（河出文庫、一九九六年）
『神田明神史考』（神田明神史考刊行会、一九九二年）
『史蹟将門塚の記』（史蹟将門塚保存会、一九六八年）
小泉功『太田道真と道灌』（幹書房、二〇〇七年）
黒田基樹『太田道灌』（戎光祥出版、二〇〇九年）

【浅草寺、浅草、凌雲閣】
『浅草寺縁起』（浅草寺縁起編纂会、一九二八年）
『浅草寺のあゆみ』（金龍山浅草寺、一九七八年）
『浅草寺今むかし』（金龍山浅草寺、一九九六年）
堀切直人『浅草』（栞文庫、二〇〇四年）
堀切直人『浅草江戸明治編』（右文書院、二〇〇五年）
堀切直人『浅草大正編』（右文書院、二〇〇五年）
堀切直人『浅草戦後編』（右文書院、二〇〇五年）
細馬宏通『浅草十二階』（青土社、二〇〇一年）
寺田寅彦『寺田寅彦随筆集第二巻』（岩波文庫、一九六四年）

【寛永寺、彰義隊、西郷隆盛】
浦井正明『上野寛永寺　将軍家の葬儀』（吉川弘文館、二〇〇七年）
浦井正明『「上野」時空遊行』（プレジデント社、二〇〇二年）

高村光雲『幕末維新懐古談』（岩波文庫、一九九七年）
高村光太郎『回想録』（小学館「昭和文学全集第4巻」、一九九四年）
森まゆみ『彰義隊遺聞』（新潮文庫、二〇〇八年）
福田敏之編著『西郷隆盛写真集』（新人物往来社、一九八七年）

【増上寺、日枝神社】
伊坂道子『増上寺境内と芝公園の研究』（学位論文集、二〇〇九年）
伊坂道子編『増上寺旧境内地区歴史的建造物等調査報告書』（境内研究事務局、二〇〇三年）
嵯峨井建『日吉大社と山王権現』（人文書院、一九九二年）

【江戸・東京の歴史】
内藤昌・穂積和夫『江戸の町上・下』（草思社、一九八二年）
平井聖監修『幕末明治の江戸城』（学習研究社、二〇〇三年）
鈴木理生『千代田区の歴史』（名著出版、一九七八年）
竹内誠他編『東京都の歴史』（山川出版社、一九九七年）
小木新造他編『江戸東京学事典』（三省堂、二〇〇三年）
新人物往来社編『江戸史跡事典上・中・下』（新人物往来社、二〇〇七年）
姉崎一馬・今森光彦・叶内拓哉ほか『皇居の森』（新潮社、二〇〇五年）

【丹下健三、東京の博物誌、銅像史】
丹下健三・藤森照信『丹下健三』（新建築社、二〇〇二年）
藤森照信・荒俣宏『東京路上博物誌』（鹿島出版会、一九九一年）

前田重夫『銅像に見る日本の歴史』（創栄出版、二〇〇〇年）

【東京スカイツリー、東京タワー】
『新東京タワー』（新東京タワーを考える会、二〇〇六年）
鮫島敦『東京タワー50年』（日本経済新聞出版社、二〇〇八年）

【作庭記、宿神】
森蘊『作庭記の世界』（NHKブックス、一九八六年）
進士五十八他『新作庭記』（マルモ出版、一九九九年）
飛田範夫『作庭記からみた造園』（鹿島出版会、二〇〇三年）
中沢新一『精霊の王』（講談社、二〇〇三年）

細野　透（ほその・とおる）

建築&住宅ジャーナリスト。

建築専門誌『日経アーキテクチュア』編集長などを経て、二〇〇六年からフリーランスで活動。東京大学大学院博士課程（建築学専攻）修了、工学博士、一級建築士。

著書に、『建築批評講座』（共著、日経BP社）、『ありえない家』（日本経済新聞社）、『耐震偽装』（日本経済新聞社）、『風水の真実』（日本経済新聞出版社）ほかがある。

東京スカイツリーと東京タワー
［鬼門の塔］と［裏鬼門の塔］

二〇一一年十月六日　初版第一刷発行

著者――細野　透

イラスト――神徳香子・橋本英治・高野和子・金子真由美
編集・制作――都市建築編集研究所（石堂威・小田道子）

発行人――馬場栄一
発行所――株式会社　建築資料研究社
東京都豊島区池袋二―六八―一
日建サテライト館七階（〒一七一―〇〇一四）
電話〇三（三九八六）三二三九
ファックス〇三（三九八七）三二五六
http://www.ksknet.co.jp/book

印刷・製本――大日本印刷　株式会社

　ISBN978-4-86358-119-7

本書の内容に関するご意見、ご感想を下記までお寄せください。
e-mail：publicat@to.ksknet.co.jp